もしも
ネイティブが
中学英語を
教えたら

デイビッド・セイン

アスコム

はじめに

突然ですが、あなたが学校で習った英語、
実は、ネイティブが使っているものとは、
ちょっと違っているのをご存知ですか?

これから私がお伝えすることは、学校では学ばないのですが、
どれも、ネイティブにとっては、ごく当然のことなんです。

例えば、

- 現在進行形は、
  現在行っていることだけをいう表現ではない。

- shouldは「〜すべき」という意味ではない。

- mayはほぼ死語扱い。

- ネイティブは関係代名詞を極力使わない。

きっと、びっくりされていることでしょう。
でも、こういったものが、まだまだあるんです。

英語をやり直そうと思って、
中学英語を学び直す方が多いですよね。
ネイティブから見ても中学英語は
英語のエッセンスが集約されているのですが、
中学校で習ったことが少しわかりにくいので、
そのまま復習するのはあまりオススメできません。

この本では、
中学英語はどこが間違えやすいのか、
そして、正しくはどう使えばいいのか、
ネイティブがていねいに説明します。

英語そのもののニュアンスがわかるから、
本質を理解でき、
ちゃんと伝わる英語が
使えるようになります。

さあ、
楽しくレッスンしていきましょう！

この本を使いこなそう！

自由にどんどん書きこんで、自分だけのオリジナル英語テキストとして使ってください。

項目 1

押さえておきたい文法のポイントが1項目見開き2ページでまとめられています。

中学英語ではこう習う 間違えやすい中学英語 2

「中学英語ではこう習う」では、主に中学生向けに作られたテキストなどに掲載された英文、「間違えやすい中学英語」では、日本人がよく間違える中学英語レベルの英文を例として取り上げています。英語として間違っているものは「×」。間違いではないもののネイティブが違和感を覚えるものには「△」をつけています。

ネイティブならこう教える！ 3

ネイティブが使っている正しい英語を紹介します。「中学英語ではこう習う」「間違えやすい中学英語」と比較して違う部分を確認します。下線やマーカーを引くと違いが一目瞭然です。特に覚えておきたいことなど余白にメモしておくと読み返した時に役立ちます。

ココがPOINT! 4

学校で習った英語とネイティブが使っている英語とではどこがどう違うのか確認します。特に重要なポイントは太字になっていますが、自分で「ここは重要！」と思う箇所には、マーカーや下線を引いたりして読むとより頭に入ります。

☑☐☐☐☐ >﹏< まちがえやすい！

12 未来表現②

中学英語ではこう習う❥ △

I'll go to London.

ロンドンに行くよ。

willだと今とっさに決めた予定になる

ネイティブならこう教える！❥ ○

I'm going to go to London.

ロンドンに行くことになっている。

元々決まっている予定ならbe going to

【ココがPOINT!】 will ≠ be going to !! イコールではない!!
「いつ決めたか」で使いわけるwillとbe going to

問題集やテストで「willをbe going toに書き換える」練習をしたからか、「be going to＝will」と思っていませんか？ 実は**be going toは「元々決まっている予定」**を表すのに対し、**willは「とっさに決めた予定」**。ですからI'll go to London.なら「ロンドンに行くよ」、I'm going to go to London.なら「ロンドンに行くことになっている」と先々の予定であることを表します。「いつその予定を決めたか」で使う表現が変わるので注意しましょう！

8 チェックボックス

くり返し読むと、より記憶に定着します。何回読んだかチェックしておくと、目安になります。また、特に苦手な項目は自分なりのマークを余白に書いておくのもいいでしょう。

7 練習問題

練習問題で理解度を確認します。解答は直接書き込んでもいいですし、ノートなどに書いてもいいでしょう。自分が使いやすいように使いましょう。

6 方眼ノート部分

欄外は方眼になっているので、英単語の意味をメモしたり、気になるポイントを書き込んだり、文法ルールを自分で図解してみたりなど、ノートとして自由に使ってください。

5 解答解説

練習問題の答え合わせをします。解答がオレンジ色、解説が黒色になっています。覚えておくと便利なフレーズや決まり文句もここでチェックします。特に覚えておきたいことやポイントと思われること、補充したいところがあれば、どんどんメモしておきましょう。

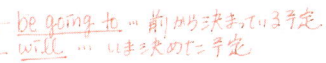

CONTENTS

はじめに ……………………………… 002
この本を使いこなそう！ …………… 004

01 一般動詞の現在形 ………………… 008
02 一般動詞の否定文 ………………… 010
03 一般動詞の疑問文 ………………… 012
04 過去形と現在完了形 ……………… 014
05 現在形と現在完了形 ……………… 016
06 現在形と現在進行形① …………… 018
07 現在形と現在進行形② …………… 020
08 be動詞 ……………………………… 022
09 be動詞の否定文 …………………… 024
10 There is構文 ……………………… 026
11 未来表現① ………………………… 028
12 未来表現② ………………………… 030
13 受動態と能動態 …………………… 032
14 be interested inの使い方 ………… 034
15 不定詞と動名詞 …………………… 036
16 不定詞① …………………………… 038

17 不定詞② …………………………… 040
18 不定詞③ …………………………… 042
19 no... ＋ to不定詞 ………………… 044
Column 1 不定詞と動名詞で
意味が変わる動詞 ………… 046
Column 2 不規則に変化する動詞 …… 047
20 接続詞 and ………………………… 048
21 接続詞 or …………………………… 050
22 接続詞 when ……………………… 052
23 前置詞 in① ………………………… 054
24 前置詞 in② ………………………… 056
25 前置詞 fromとat …………………… 058
26 前置詞 at …………………………… 060
27 不定冠詞aと無冠詞① ……………… 062
28 不定冠詞aと無冠詞② ……………… 064
29 不定冠詞a …………………………… 066
30 定冠詞the …………………………… 068
31 不定冠詞aと定冠詞the ……………… 070
32 可算名詞と不可算名詞 …………… 072
33 副詞 veryとreally ………………… 074

34 副詞 well ……………………………… 076	51 助動詞 must と need to ……… 112
35 副詞 always ＋現在進行形 …… 078	52 助動詞 must と have to ……… 114
36 形容詞 many と a lot of ……… 080	53 助動詞 may と might ………… 116
37 形容詞 some ……………………… 082	54 助動詞 might …………………… 118
38 形容詞 fine と nice …………… 084	55 仮定法 …………………………… 120
39 形容詞 big と large …………… 086	56 助動詞 should ………………… 122
40 感嘆文 …………………………… 088	57 勧誘表現 Will you...? ………… 124
Column 3 比較 …………………… 090	58 勧誘表現 Won't you...? ……… 126
Column 4 可算名詞と不可算名詞 … 091	59 勧誘表現 How about...? …… 128
41 疑問文 what …………………… 092	60 勧誘表現 Let's... ……………… 130
42 疑問文 why …………………… 094	61 代名詞 …………………………… 132
43 疑問文 where ………………… 096	62 関係代名詞① ………………… 134
44 疑問詞 How① ………………… 098	63 関係代名詞② ………………… 136
45 疑問詞 How② ………………… 100	64 名詞 ……………………………… 138
46 助動詞 can① …………………… 102	
47 助動詞 can② …………………… 104	Note ………………………………… 140
48 助動詞 could と be able to … 106	
49 助動詞 may① ………………… 108	
50 助動詞 may② ………………… 110	

01 | 一般動詞の現在形

> **Does he play baseball?**
> を日本語訳すると？

中学英語ではこう習う

彼は野球をやりますか？

ネイティブならこう教える！

彼はよく野球をやりますか？

【ココがPOINT！】
現在形には「よくやる」ニュアンスが含まれる

このような一般動詞の疑問文を訳すのに、学校では「彼は野球をやりますか？」と習ったかもしれませんが、実は、ネイティブは違うニュアンスでとらえています。この質問は、ネイティブにとってはただ「やるかどうか」を聞いているのではなく、**「習慣的にやっているかどうか」**をたずねる文。教科書には書かれていませんが、**「よく～しますか？」**と訳すと、英語本来のニュアンスがうまく出せるでしょう。これ**は現在形の「習慣」を表す用法になります。**

【練習問題】

次の英文を、英語本来のニュアンスを出して日本語訳しなさい。

❶ Do you play the guitar?

❷ I don't eat a lot these days.

❸ She drives her daughter to school every morning.

❹ Where do you play tennis?

【解答解説】
❶ あなたはよくギターを弾きますか？
「ギターを弾けるかどうか」ではなく、ギターを弾く習慣があるかを尋ねるフレーズです。
❷ 最近はあまり食べない。
these days（最近）がついているので、「最近の習慣」のことを言っているのだとわかるはず。
❸ 彼女は毎朝、娘を学校に車で送っていきます。
every morning（毎朝）があるので、「習慣として毎朝、車で送る」というニュアンスになります。
❹ ふだんどこでテニスをしているの？
今「どこでテニスをするの？」というより、習慣的に「テニスをやっている場所」を尋ねるフレーズになります。

02 ｜一般動詞の否定文

> 中学英語ではこう習う ❯

I do not play tennis.

私はテニスをや・ら・な・い・んだ！

> ネイティブならこう教える！ ❯

I don't play tennis.

私はテニスをしません。

【ココがPOINT!】
同じ意味ではなかったdo notとdon't

do notとdon'tがイコールではないって、知っていますか？ 学校では、do notの短縮形がdon'tだと習うだけなので、どちらを使っても同じ意味だと思うようですが、I **do not** play tennis.と省略せずに使うと、ネイティブは「私はテニスを**やらないんだ！**」と、わざと「しない」を強調しているように感じます。**英語では、一般的に短縮できるものは短縮するのがお約束。**ふつうに「〜しない」なら、短縮形を使いましょう。

【練習問題】

次の文を英語にしなさい（下線部に1単語ずつ入ります）。

❶ 彼女はコンピュータを持っていません。
　____　____　____　____　____．

❷ 私はタコを食べないのです！
　____　____　____　____　____．

❸ 彼らは日曜日に学校へ行きません。
　____　____　____　____　____　____　____．

❹ そんなに遅くはなりません。
　____　____　____　____．

【解答解説】
❶ She doesn't have a computer.
主語が三人称単数の場合はdoesを使います。ちなみにこの文のhaveは、習慣ではなく「所有している」という状態を表します。
❷ I do not eat octopus.
ネイティブがあえて短縮せずにこう言う場合、notを強く発音して「〜ではない」ことをさらに強調します。
❸ They don't go to school on Sundays.
主語が複数の場合はdoを使います。主語の数を意識してdoかdoesかを使いわけましょう。
❹ I won't be late.
doやdoesだけでなく、助動詞の場合も短縮形を使うようにしましょう。will notとすると、「遅くならないつもりだ」と意志のニュアンスが強くなります。

03 │ 一般動詞の疑問文

> **間違えやすい中学英語**
>
> # Do you want any coffee?
>
> コーヒーはいりますか？（いりませんか？）

> **ネイティブならこう教える！**
>
> # Do you want some coffee?
>
> コーヒーはいかが？（どうぞ飲んで下さい）

【ココがPOINT！】
疑問文でもanyではなくsomeを使うことがある

「疑問文や否定文の場合、someではなくanyを使う」と習いませんでしたか？　でも、人に何かをすすめるとき、ネイティブは相手がYesと答えるのを期待してsomeを用います。「〜はいかがですか？」と声をかけるときは、例外的にanyではなくsomeでOKなのです！　someはキャンディのような可算名詞にも、飲み物などの不可算名詞にも使えます。**Do you want some?（ちょっとどう？）**なんて表現もよく使いますので、ぜひ覚えてください。

【練習問題】

次の日本語に合うよう、(　)内に適する語を入れて英文を作りなさい。

❶ ご飯のお代わりはもっといかが？
　Do you want (　　) (　　) rice?

❷ 何か飲み物はいかが？
　Do you want (　　) (　　) drink?

❸ 何かお探しでしょうか？（いらっしゃいませ）
　Do you need (　　) (　　)?

❹ どうしました？（手伝いが必要ですか？）
　Do you need (　　) (　　)?

【解答解説】
❶ some more
Do you want some more …?で「もっと〜のお代わりはいかが？」というフレーズ。
❷ something to
Do you want something to …?で「何か〜するものはいかが？」というフレーズ。
❸ any help
Do you need any help?は、店員が接客に使うフレーズ。anyを使っているので、「用があれば」というニュアンスになります。
❹ some help
❸とは状況が異なることに注意。困っている人に声をかけるときの決まり文句なので、Yesの返事を期待してsomeを使います。

04 過去形と現在完了形

中学英語ではこう習う

Did you have lunch?

ランチは食べた？（今日はお昼を食べた？）

ネイティブならこう教える！

<u>Have</u> you had lunch (yet)?

ランチは済んだ？（これから？）

【ココがPOINT!】
日本語では過去形が英語では現在完了形になる

どちらも英語としてはOKです。でも、Have you had lunch (yet)？がお昼時に「ランチは済んだ？（これから？）」と聞くニュアンスなのに対し、過去形を使ったDid you have lunch?は、たとえば夜になって「(今日)お昼は食べた？」と、**すでに終わったことを確認しているイメージ**。日本語につられて過去形にしたくなりますが、ネイティブはHave you ...?を使います。**「まだ動作が完了していないか」を聞くなら現在完了形に、「動作が終わったか」を確認するなら過去形**にしましょう。

【練習問題】

次の日本語に合うよう、(　) 内から適する語を選びなさい。

❶ 楽しみましたか？
(Have you had / Did you have) a good time?

❷ いい旅でしたか？
(Have you had / Did you have) a nice trip?

❸ 十分に食べていますか？
(Have you had / Did you have) enough?

❹ うまくいっていますか？
(Have you had / Did you have) any luck yet?

【解答解説】
❶ Did you have
Did you have a good time?は、パーティなどで楽しんだかどうか、「完了した行為」を確認するときに使うフレーズです。
❷ Did you have
Did you have a nice trip?は、旅行から戻って来た人に、旅行は楽しかったかどうか、「完了した行為」を確認するときに使うフレーズ。
❸ Have you had
Have you had enough?は、パーティなどで思う存分食べているかを聞く決まり文句。「まだ動作が完了していないか」を確認しています。
❹ Have you had
Have you had any luck yet?は、物事がうまく進んでいるかどうかを聞くフレーズ。「まだ動作が完了していないか」を確認しています。

05 ｜現在形と現在完了形

中学英語ではこう習う

Spring has come.

春が訪れた。

ネイティブならこう教える！

Spring is here.

春が来た。

【ココがPOINT！】
もうここに来ているなら現在完了ではなく … is here

現在完了形の例文として、教科書でもよくSpring has come.が紹介されていますよね？　もちろんこれも間違いではありません。でも「〜が（ここに）来た」と言う時、ネイティブは現在完了形より、… is hereを使うほうが断然多いようです。Spring has come.は「春が訪れた」に近いやや堅い表現ですが、Spring is here.ならとてもカジュアルに聞こえます。「〜が（ここに）来た」は、… is hereを使うのがオススメです！

【練習問題】

次の日本語に合うよう、(　) 内に適する語を入れて英文を作りなさい。

❶ お医者さんが来た。
The doctor (　　) (　　).

❷ 誰かがあなたに会いに来た。
Someone (　　) (　　) (　　) (　　) (　　).

❸ その時が来た。
The time (　　) (　　).

❹ 私たちはブロードウェイのショーを見るために、ここニューヨークへ来た。
(　　) (　　) (　　) NY (　　) (　　) Broadway show.

【解答解説】
❶ is here
誰かが自分のいる場所へ来たときは、... is here と「...」の部分に人名や職業を入れて、人を主語にして言えばOKです。
❷ is here to see you
... is here の後に目的を表すto不定詞を続ければ、「〜しに〜が来た」というフレーズになります。
❸ has come
「機は熟した」と同じような意味のことわざです。このような言い回しの場合、あえて時間の経過が表れる現在完了形を使うといいでしょう。 The time has come.
❹ We're here in, to see
〈be here in＋地名〉で、「ここ（地名）に来た」というフレーズに。その後にto不定詞を続ければ、「〜しに」と目的も表せます。

06 | 現在形と現在進行形①

間違えやすい中学英語

I'm working at a bank.

私は、今は銀行で働いています。
（でも、もう少しで辞めるかもしれません）

ネイティブならこう教える！

I <u>work</u> at a bank.

私は銀行で働いています。

【ココがPOINT！】
もうすぐ辞めるニュアンスが含まれる現在進行形

「〜しています」という日本語につられて、つい現在進行形を使いたくなりますよね？　でも、「銀行で働いている」という**日常的な習慣を表す場合、現在形を使うのが正解**です。うっかり現在進行形にすると、「今は銀行で働いています（でも、もう少しで辞めるかもしれません）」なんて意味に誤解されるかも。**日本語で「〜しています」と言いたいときも、習慣や状態を表すときは現在形を使う**と覚えておきましょう。

【練習問題】

次の文を英語にしなさい（下線部に1単語ずつ入ります）。

❶ 彼は高校で英語を教えています。
　___　___　___　___　___　___　___．

❷ 彼女は2匹のネコを飼っています。
　___　___　___　___．

❸ 私は子供だった時のことを覚えています。
　___　___ being a child.

❹ 私はひとりごとを言っているだけです。
　___ just ___ to myself.

【解答解説】

❶ He teaches English at the high school.
「〜しています」だからといって進行形にしないように！ 習慣を表すので現在形です。

❷ She has two cats.
「所有している」という状態を表すときも、現在形を使います。ここでは「飼っています」を「持っています」と考えて、haveを使って表しましょう。

❸ I remember
rememberは認識を表す状態動詞です。understandやbelieveなどもその仲間なので、「〜しています」と言う場合も現在形を使います。

❹ I'm, talking
習慣ではなく今まさに進行している動作を表すので、現在進行形を使います。talk to oneselfで「ひとりごとを言う」です。

07 | 現在形と現在進行形②

He's wearing glasses today.
を日本語訳すると？

中学英語ではこう習う

彼は今日メガネをかけている。

ネイティブならこう教える！

彼は、今日はメガネをかけている（でも、いつもはかけていない）。

【ココがPOINT!】
いつもはそうでないことを暗に示す現在進行形

wearのような「状態」を表す動詞は、日本語が「〜している」でも、現在形で表すのがお約束。ですから、「彼は（いつも）メガネをかけている」ならHe wears glasses.となります。でも、これをあえてHe's wearing glasses today.と現在進行形にすると、「今は〜している（でも、**いつもはそうではない**）」と「**一時的な状態**」であることを強調するニュアンスに。あえて進行形を使うと、いつもと違う状態を表せます。

【練習問題】

次の日本語を英訳しなさい。

❶ 彼は、今日はネクタイをつけている。

❷ 彼は毎日ネクタイをしている。

❸ あなたは今日は(やけに)親切です。

❹ 彼は、今は(一時的に)大阪に住んでいる。

【解答解説】
❶ He's wearing a tie today.
「今日は」ということは、「いつもの習慣とは違う」ということ。このような場合は、現在進行形を使いましょう。
❷ He wears a tie everyday.
「毎日」と言っているので、習慣です。こんなときに使うのは、習慣を表す現在形になります。
❸ You're being kind today.
「いつもは親切でないのに、今日は〜」というニュアンスなので、現在進行形を使って表現しましょう。
❹ He's living in Osaka.
「(普段は別の場所だが)今は(一時的に)住んでいる」と言う場合も、現在進行形を使って表現します。

08 | be動詞

間違えやすい中学英語

Is this your glass?
No, it's not.

これはあなたのグラス（✘ メガネ）？
いいえ、違います。

ネイティブならこう教える！

<u>Are these</u> your glas<u>ses</u>?
No, <u>they're</u> not.

これはあなたのメガネ？
いいえ、違います。

【ココがPOINT!】
日本語では単数でも、英語では複数扱いに

日本人とネイティブでは、「数」に対する意識が違います！　まず「メガネ」のレンズは2つなのでglassesと常に複数形。そのためthisではなくtheseを使います。**2つで1セットのものはすべて複数扱いになり、同時にbe動詞も複数形に。**そしてAre these ...?と聞いたら、Yes, **they are**./ No, **they're** not. [No, **they aren't**.]とtheyで受けるのが一般的です。theyは人・物を問わず使える代名詞ですから、「複数ならthey」と覚えましょう。

【練習問題】

次の文を英語にしなさい（下線部に1単語ずつ入ります）。

❶ 「これは何？」「それはブドウです」
 "＿＿＿ ＿＿＿ ＿＿＿?" "＿＿＿ ＿＿＿."

❷ 「私のペンチはどこ？」「テーブルの上です」
 "＿＿ ＿＿ ＿＿ ＿＿?" "＿＿ ＿＿ ＿＿ ＿＿"

❸ 「クジラはどこに住んでいますか？」
 「海の中に住んでいます」
 "＿＿ ＿＿ ＿＿ ＿＿?" "＿＿ ＿＿ ＿＿ ＿＿ ＿＿"

❹ 「これはあなたのコンパスですか？」
 「いいえ、ちがいます」
 "＿＿＿ ＿＿＿ ＿＿＿ ＿＿＿?" "＿＿＿ ＿＿＿ ＿＿＿"

【解答解説】

❶ "What are these?" "They're grapes."
ブドウ1粒について聞いているのであれば単数形ですが、ここでは下線部の数からも複数形の「房」を指しています。

❷ "Where are my nippers?" "They're on the table."
ハサミと同様、ペンチも複数形です。他にpants（パンツ）やshorts（ショーツ）も複数で使うのが一般的です。

❸ "Where do whales live?" "They live in the sea."
総称としてのクジラを指す場合、複数形を使いましょう。複数形なので、代名詞はtheyを使います。

❹ "Are these your compasses?" "No, they're not."
意外かも知れませんが、compasses（コンパス）も複数形です。形を想像すれば、理解できますよね？

09 | be動詞の否定文

中学英語ではこう習う

She is not a student.

彼女は学生じゃないんです！

ネイティブならこう教える！

She's not a student.

彼女は学生ではありません。

【ココがPOINT!】
ネイティブは使い分けるShe is notとShe's not

「She is notでもShe's notでも、どちらでもいいのでは？」と思うかもしれませんが、**実際にネイティブが使うのは、会話でも文章でもほとんどが短縮形**。短縮しないと、「彼女は学生じゃないんです！」とわざと強調しているように思われてしまいます。また、短縮形にはShe isn't ...とShe's not ...の2種類がありますが、会話ではShe's not ...のほうがnotを聞き間違えないのでオススメ。ネイティブはよくこちらを使うようです。

【練習問題】

短縮形を使って次の文を英語にしなさい（下線部に１単語ずつ入ります）。

❶ 彼女は私の先生ではありません。
　___　___　___　___.

❷ あなたはオーストラリアの出身ではありませんよね？
　___　___　___　___, are you?

❸ 「それは何？」「ハサミです」
　"___　___　___?"
　"___　___."

❹ 「彼はあなたのお父さんですか？」「いいえ、違います」
　"___　___　___　___?"
　"___, ___　___."

【解答解説】

❶ **She's not my teacher.**
日常的に短縮形を使うよう心がけましょう。It isならIt's、She isならShe's、He isならHe'sです。

❷ **You're not from Australia / You aren't from Australia**
You are notの短縮形は、You're not ...でもYou aren't ...でもOKですが、You're not ...なら聞き間違えることなくnotが伝わります。

❸ **"What are those?" "They're scissors."**
「ハサミ」なので複数形です。主語はthoseとthey、be動詞はareになることに注意。

❹ **"Is he your father?" "No, he's not. / No, he isn't."**
No, he's not.でもNo, he isn't.でもOKですが、これもNo, he's not.なら間違いなくnotが伝わります。

☑☑☑☑☑

10 | There is 構文

中学英語ではこう習う

There's a book on the table.

そのテーブルの上に本がある。

ネイティブならこう教える!

There's a book <u>there</u> on the table.

そこのテーブルの上に本がある。

【ココがPOINT!】
「そこにある」ならThere is 構文プラスthere

学校で「〜がある」はThere's ...と習うので、「There's ... thereなんて使い方、初めて見た!」という方もいるのではないでしょうか? でも、**「目に見える範囲に物があること」**を言う場合、ネイティブは日常的にThere's ... there（[そこに]〜がある）と副詞のthereをプラスして表現します。ただし、身近ではない場所に「〜がある」と表現する場合は、学校で習った通りThere's ...でOKです。

【練習問題】

次の日本語に合うよう、(　　) 内の英語を並べ替えて文を作りなさい。
(　　) 内の単語をすべて使うとは限りません。thereが余るものもあります。

❶ そこに誰かがいる。
(there / someone / there's).

❷ どこか近くにネコがいる。
(somewhere / cat / there's / there / a).

❸ そこの2階にお店がある。
(second / a / the / there / shop / on / there's / floor).

❹ 隣のテーブルに女の子が2人いる。
(there / at / the / there're / two / table / girls / next).

【解答解説】
❶ There's someone there.
There's ... there の「...」の部分にsomeoneのように人を表す語を入れると、「そこに〜がいる」という意味にもなります。
❷ There's a cat there somewhere.
具体的にどこかわからなくても、すぐそばだということがわかっているときは、somewhereを使ってこのように表現します。
❸ There's a shop there on the second floor.
There's ... there に階数を表す語を続ければ、「〜（階）に〜がある」というフレーズになります。
❹ There're two girls at the next table.
具体的な場所を言う場合は、ふつうに there's ... の後に場所を入れます。there's ...there にはしません。

11 | 未来表現①

中学英語ではこう習う

I will go to London.

（絶対）ロンドンに行きます！

ネイティブならこう教える！

I'll go to London.

ロンドンに行くよ。

【ココがPOINT！】
絶対するならI will　その場で決めたのならI'll

学校で「I willの短縮形はI'll」と習うので、I will＝I'llだと思っている人が多いようですが、ネイティブはI willとI'llを使い分けています。I will ...とwillをしっかり発音すると「（絶対に）～する」と意志を表すので、I will go to London.なら「（絶対）私はロンドンに行きます！」。一方、I'llと短縮形にすれば「～するよ」とその場で決めた予定となるので、I'll go to London.は「ロンドンに行くよ」。ニュアンスの違いに気をつけてください。

【練習問題】

次の日本語に合うよう、(　　)内の英語を並べ替えて文を作りなさい。

❶ 私が出るよ。
(answer / it / I'll).

❷ いつでも力になるよ。
(your / be / I'll / side / at).

❸ 明日、(絶対に)私は秋葉原へ行くわ。
(Akihabara / tomorrow / to / I / will / go).

❹ じゃあ、またね。
(you / later / catch / I'll).

【解答解説】
❶ I'll answer it.
電話がかかってきたときに「自分がその電話に出る」と周囲の人に伝える決まり文句。その場で決めたことなので、I'llを使います。
❷ I'll be at your side.
be at your sideで「あなたの力になる」、人に協力を申し出るときに使うフレーズです。
❸ I will go to Akihabara tomorrow.
強く意志を表すとき、I will ...を使うといいでしょう。これなら「(絶対に)〜します」と伝わります。
❹ I'll catch you later.
別れ際に、親しい間柄の人に声をかけるときのフレーズ。Catch you later.だけでもOKです。

12 | 未来表現②

中学英語ではこう習う

I'll go to London.

ロンドンに行くよ。

ネイティブならこう教える！

I'm going to go to London.

ロンドンに行くことになっている。

【ココがPOINT！】
「いつ決めたか」で使いわけるwillとbe going to

問題集やテストで「willをbe going toに書き換える」練習をしたからか、「be going to＝will」と思っていませんか？ 実は**be going toは「元々決まっている予定」**を表すのに対し、**willは「とっさに決めた予定」**。ですからI'll go to London.なら「ロンドンに行くよ」、I'm going to go to London.なら「ロンドンに行くことになっている」と先々の予定であることを表します。「いつその予定を決めたか」で使う表現が変わるので注意しましょう！

【練習問題】

次の日本語に合うよう、（　）内に適する語を入れて英文を作りなさい。

❶ 私は20歳になります。
　（　）（　）（　）（　）20 years old.

❷ やめておこうかな。
　I think（　）（　）.

❸ われわれはそのプロジェクトに参加する予定です。
　（　）（　）（　）（　）part of the project.

❹ 私はいつものにします。
　（　）（　）（　）have my usual.

【解答解説】
❶ I'm going to be
I'm going to be ...で「私は〜歳になります」という（あらかじめ予定として決まっている）自分の年齢を伝えるフレーズです。

❷ I'll pass
I think I'll ...で「〜しようかな」と、あいまいなニュアンスになります。I think I'll pass.はトランプでパスをするときにも使えるフレーズ。

❸ We're going to be
We're going to be ...は「われわれ（弊社）は〜する予定です」と、先の計画を伝える際にビジネスでよく使うフレーズです。

❹ I'm going to
I'm going to have my usual.は、レストランなどで「いつもの定番」を注文するときの決まり文句。

13 | 受動態と能動態

中学英語ではこう習う

He was given this present by Linda.

彼はリンダからこのプレゼントをもらった。

ネイティブならこう教える！

Linda gave him this present.

リンダは彼にこのプレゼントをあげた。

【ココがPOINT！】
ネイティブはあまり使わない「受動態」

能動態を受動態にする練習、何度も学校でやりましたよね？ でも、**実のところネイティブは、あえて面倒な受動態を使おうとはしません。**「プレゼントをもらった」だからと、わざわざHe was given this present by Linda.とは言わず、能動態でシンプルにLinda gave him this present.と表現するのが一般的です。日本語で「〜された」だからといって、反射的に受動態にするのはやめて、**できるだけ能動態で簡潔に表現しましょう。**

【練習問題】

次の文を英語にしなさい（下線部に1単語ずつ入ります）。

❶ 彼女に私は待たされた。
　___　___　___ wait.

❷ そのニュースを聞いて悲しくなった。
　___　___　___　___ sad.

❸ アメリカは誰に発見されましたか？
　___　___ America?

❹ その医者はみんなに知られている。
　___　___ the doctor.

【解答解説】
❶ She made me
「～させられた」という表現は、「～した」と解釈して使役動詞を使うといいでしょう。
❷ The news made me
無生物のthe newsを主語にして、「そのニュースが私を悲しませた」とすると、すっきり表現できます。
❸ Who discovered
who（誰が）を主語にして、「誰がアメリカを発見した？」と考えるといいでしょう。
❹ Everyone knows
everyone（みんなが）を主語にして、「みんながその医者を知っている」と考えるといいでしょう。

14 | be interested in の使い方

I'm interested in playing baseball. を日本語訳すると？

中学英語ではこう習う

私は野球をやることに興味があります。

ネイティブならこう教える！

私は野球をやってみたい。

【ココがPOINT!】
「やってみたい」なら be interested in ＋ -ing で

be interested in は教科書でもおなじみですよね？ 本来は、I'm interested in math.（私は数学に興味がある）のように「（学問などに）興味がある」という意味。でも、**I'm interested in playing** baseball. と、**in の後に -ing 形（動名詞　P.36）が続くと**、「〜をやることに興味がある」、つまり「〜をやってみたい」というニュアンスに。日常会話でも非常によく使うフレーズなので、ぜひ覚えてください！

【練習問題】

左ページの〈ネイティブならこう教える！〉にならって、日本語訳しなさい。

❶ I'm interested in going to Japan.

❷ He's interested in learning about Islam.

❸ Are you interested in being a part of the development team?

❹ Our company is interested in the Asian market.

【解答解説】
❶ 私は日本へ行ってみたい。
be interested inを使うと、「(知的な関心から)〜してみたい」というニュアンスになります。
❷ 彼はイスラム教を学んでみたい。
be interested in learning …は日常的によく使われるフレーズで、「〜を学んでみたい」という意味。
❸ 開発チームに参加してみたいですか？
be interested in being a part of …で「〜の一部になってみる」つまり「〜に参加してみる」となります。
❹ 弊社はアジア市場に興味がある。
be interested in の後が名詞なので、「〜に興味がある」です。この場合、「学問的な興味を持っている」というニュアンスになります。

15 | 不定詞と動名詞

間違えやすい中学英語

I stopped to play games.

私はゲームをやるために立ち止まりました。

ネイティブならこう教える！

I stopped play<u>ing</u> games.

私はゲームをやめました。

【ココがPOINT！】
別の意味になってしまう、不定詞と動名詞

I like waking up early.＝I like to wake up early.のような言い換え問題、よく学校でやりましたよね？　でも、すべての動詞が同じように言い換えられるわけではありません。I stopped playing games.なら「私はゲームをやめました」ですが、I stopped to play games.だと「私はゲームをやるために立ち止まりました」なんて意味に！　**動詞によって、後に続くのが不定詞か動名詞かで意味が変わるものもあるので、注意しましょう。**

【練習問題】

次の英文を日本語訳しなさい。

❶ I tried eating that fruit.

❷ I tried to eat that fruit.

❸ I forgot emailing her.

❹ I forgot to email her.

【解答解説】
❶ 私はそのフルーツを試しに食べてみた。
〈try＋動名詞〉で「試しに〜する」。現在もしくは過去を含む表現は動名詞になります。
❷ 私はそのフルーツを食べようとした。
〈try＋to不定詞〉で「〜しようとする」。未来を含んだ表現はto不定詞になります。
❸ 私は彼女にメールしたのを忘れた。
〈forget＋動名詞〉で「〜したことを忘れる」。過去を含んだ表現なので動名詞になります。
❹ 私は彼女にメールするのを忘れた。
〈forget＋to不定詞〉で「〜するのを忘れる」。未来を含んだ表現なのでto不定詞を使います。

16 | 不定詞①

間違えやすい中学英語

✗

I decided stopping playing games.

私はゲームをやめることを決心をした（？）。

ネイティブならこう教える！

○

I decided <u>to</u> stop playing games.

私はゲームをやめる決心をした。

【ココがPOINT!】
動名詞では使えない、動詞decide

他動詞の中には、①**不定詞だけを目的語に取る**ものや、②**動名詞だけを目的語に取る**ものがあります。decideは不定詞のみを目的語に取るため、後に動名詞は続きません！　見分け方のポイントは、①**の不定詞が先のこと（未来）を表す**のに対し、②**の動名詞は今より後（現在や過去）を表す**こと。①の仲間にはagreeやaim、hopeなどが、②の仲間にはadmitやdeny、enjoyなどがあります。それぞれニュアンスの違いに注意して使い分けるようにしましょう。

【練習問題】

次の日本語に合うよう、(　)内の動詞を不定詞か動名詞に変えなさい。

❶ 私は会社の清掃を終えた。
We finished (clean) the office.

❷ 彼は時間どおりにそこへ到着できなかった。
He failed (arrive) there on time.

❸ 彼女は病気のふりをした。
She pretended (be) sick.

❹ われわれは工場を売却することを検討した。
We considered (sell) our factory.

【解答解説】
❶ cleaning
finishは動名詞のみを目的語にとり、〈finish＋動名詞〉で「〜し終える」という意味になります。
❷ to arrive
failの後は不定詞のみを目的語にとり、〈fail＋to不定詞〉で「〜することができない」という意味になります。
❸ to be
pretendの後は不定詞のみを目的語にとり、〈pretend＋to不定詞〉で「〜するふりをする」という意味になります。
❹ selling
considerの後は動名詞のみを目的語にとり、〈consider＋動名詞〉で「〜することを検討する」という意味になります。

17 不定詞②

I used to go skiing with my family.
を日本語訳すると？

中学英語ではこう習う △

以前は家族とよくスキーに行っていた（今も行く）。

ネイティブならこう教える！ ○

以前は家族とよくスキーに行っていた（けれど、今は行っていない）。

【ココがPOINT!】
「今はもうやっていない」ニュアンスが含まれるused to

「『よく〜したものだ』という過去の習慣は、wouldやused toで表す」学校ではそう習ったはずです。しかし**used to**が「（昔はそういう習慣があったけれど）**今は違う**」と「**現在にない過去の習慣**」を表す一方、**would**は個人的な思い出などを語る際に用い、**特に現在との対比には触れません**。「過去と現在の違い」を出すか出さないかで、used toとwouldを使い分けるようにしましょう。

【練習問題】

次の日本語に合うよう、(　　) 内の英語を並べ替えて文を作りなさい。

❶ 私はスキーがとてもうまかった (でも今はうまくない)。
(skiing / really / good / be / I / at / to / used).

❷ 彼女は彼についてよく知っていた (でも今は知らない)。
(lot / him / a / know / she / to / used / about).

❸ 彼はいつも早起きしていたものだ。
(up / always / get / would / early / he / and / go).

❹ 私たちはいつもミサに行きクリスマスを祝ったものだ。
(Christmas / would / we / celebrate / always) by going to mass.

【解答解説】
❶ I used to be really good at skiing.
現在にない過去の習慣を言っているので、used toを使います。be good at -ingで「～がうまい」。
❷ She used to know a lot about him.
現在にない過去の習慣を言っているので、used toを使います。「今は違う」ならused toと覚えておきましょう。
❸ He would always get up early.
特に現在との対比には触れていないので、used toではなくwouldを使います。このように個人的な思い出を語るときは、wouldがオススメ。
❹ We would always celebrate Christmas
特に現在との対比には触れていないので、wouldを使います。would always …で「いつも～していたものだ」。

18 | 不定詞③

中学英語ではこう習う ▽

I want something to drink.

私は何か飲み物がほしい（だから持ってこい）。

ネイティブならこう教える！ ▽

I'd like something to drink.

何か飲み物がほしいのですが。

【ココがPOINT!】
とっても失礼な、I want something to ...

〈something +to不定詞〉で「何か〜するためのもの」と習ったと思います。でも実は、I want something to ...だと、「何か〜するためのものがほしいから**持って来い**」と威張った言い方に！　こんなときネイティブが使うのは、**I'd like something to ...です。**これなら「何か〜するためのものがほしいのですが」と謙虚なお願いに聞こえます。よく使うフレーズですから、ぜひI'd like something to ...で覚え直しましょう。

【練習問題】

次の文を英語にしなさい（下線部に1単語ずつ入ります）。

❶ 何か食べ物がほしいのですが。
　___　___　___　___　___.

❷ 何か飲み物はいかがですか？
　___　___　___　___　___　___?

❸ あなたは何か着るものが必要だ。
　___　___　___　___　___.

❹ われわれには何か暇つぶしできるものが必要だ。
　___　___　___　___　___　___　___.

【解答解説】
❶ I'd like something to eat.
「何か〜するためのものがほしいのですが」と言うときは、toの後の動詞を変えればOKです。
❷ Would you like something to drink?
Would you like something to ...?で「何か〜するものはいかがですか？」と相手の意向を尋ねる表現になります。
❸ You need something to wear.
You need something to ...で「何か〜するものが必要だ」。相手にアドバイスをする際によく使うフレーズです。
❹ We need something to pass the time.
We need something to ...（われわれは何か〜するものが必要だ）は、ビジネスでよく使うフレーズ。pass the timeで「暇つぶしする」です。

19 | no ... ＋ to不定詞

中学英語ではこう習う

He has no house to live.

彼には住むための家がない。

ネイティブならこう教える！

He has no place to live.

彼には住むための場所がない。

【ココがPOINT！】
使える言葉が限られている〈no ...＋to不定詞〉

あるテキストで「〜するための〜がない」という構文の例として、He has no house to...と紹介されていましたが、この文章にネイティブは違和感を覚えます。なぜかと言えば、**本来noの後は不可算名詞＋to不定詞になる**ので、可算名詞のhouseを不自然に感じるからです。no time to ...やno money to ...であればOKですから、この場合はHe has no **place** to live.（住むための**場所**がない）と、不可算名詞を使った表現にしましょう。

【練習問題】

次の日本語に合うよう、（　）内に適する語を入れて英文を作りなさい。

❶ あなたは何も言う資格がない。
You have (   ) (   ) (   ) say anything.

❷ そういうことにかかわることはごめんだ。
I have (   ) (   ) (   ) get involved in such things.

❸ 電気を使えない人々もいる。
Some people have (   ) (   ) (   ) electricity.

❹ 夫が失業しているので彼女は働かざるを得ない。
She has (   ) (   ) (   ) work because her husband is out of work.

【解答解説】
❶ no right to
have no right to ...で「～する資格（権利）がない」という意味。否定表現なので、somethingではなくanythingを使います。
❷ no desire to
have no desire to ...で「～する欲望がない（～するのはごめんだ）」という意味。
❸ no access to
have access to ...で「～を（自由に）入手できる」。その否定表現なので「～を（自由に）入手できない」つまり「～を使えない」となります。
❹ no choice to
have no choice (but) to ...で「～するしか選択の余地がない（～せざるをえない）」という意味。

Column 1

不定詞と動名詞で意味が変わる動詞

同じ動詞でも、後に続くのが不定詞か動名詞かで意味が変わる場合があります。
でも、そういう動詞は数が少ないので、覚えてしまえば簡単！
ルールを理解して使い分けましょう。

たとえば… remember

不定詞
Remember to return the book to the library.
本を忘れずに図書館へ返しなさい。

動名詞
I **remember returning** the book to the library.
私はその本を図書館に返したことを覚えている。

I **remembered returning** the book to the library.
私はその本を図書館に返したことを思い出した。

不定詞のremember to doは「忘れずに〜する」という意味。これは、Remember to ...の命令形で使われることの多い表現で、未来のことを指しています。一方、動名詞のremember doingは「〜したことを覚えている」「〜したことを思い出す」という意味で、過去の表現になります。つまり、<mark>「未来を見た表現は、不定詞」</mark>で<mark>「現在から過去を見た表現は、動名詞」</mark>と使い分けることがポイントです。

こんな動詞も意味が変わる

● **need**
need to do「〜する必要がある」
need doing「〜が必要である」「〜される必要がある」

● **try**
try to do「〜しようとする」
try doing「試しに〜してみる」

● **forget**
forget to do「〜することを忘れる」
forget doing「〜したことを忘れる」

● **hate**
hate to do
「できれば〜したくない（する気がしない）」
hate doing
「（ふだんから）〜することが嫌いだ」

● **propose**
propose to do「〜するつもりである」
propose doing「〜することを提案する」

● **regret**
regret to do「残念ながら〜する」
regret doing「〜したことを後悔する」

Column 2

不規則に変化する動詞

動詞でうっかりミスをしやすいのは、不規則動詞。
過去形や過去分詞形に変化する際の規則にあてはまらない動詞のことです。
中学校で暗記した動詞の活用、覚えていますか？

不規則動詞活用表

原形	現在形	過去形	過去分詞形
begin（始める）	begin(s)	began	begun
come（来る）	come(s)	came	come
do（する）	do(es)	did	done
drink（飲む）	drink(s)	drank	drunk
eat（食べる）	eat(s)	ate	eaten
get（得る・着く）	get(s)	got	gotten
give（与える）	give(s)	gave	given
go（行く）	go(es)	went	gone
grow（成長する）	grow(s)	grew	grown
know（知っている）	know(s)	knew	known
run（走る）	run(s)	ran	run
see（見る・会う）	see(s)	saw	seen
speak（話す）	speak(s)	spoke	spoken
take（取る・連れて行く）	take(s)	took	taken
write（書く）	write(s)	wrote	written

動詞の活用の基本は、動詞の原形に-edを付けて過去形・過去分詞形にすること。ほとんどの動詞はこの「規則動詞」ですが、例外的に-edを付けずに過去形や過去分詞形を作る「不規則動詞」もあります。不規則動詞は、大きく①「過去形と過去分詞が同じもの」と②「過去形と過去分詞が違うもの」に分けられます。不規則動詞の活用はとにかく覚えるしかありません！　ここで紹介したものは②のごく一部なので、辞書などで他の動詞も確認してみましょう。

20 | 接続詞 and

I don't eat cake and ice cream. を日本語訳すると？

間違えやすい中学英語 ✗

私はケーキもアイスも食べません。

ネイティブならこう教える！ ○

私はケーキとアイスを<u>一緒に</u>食べません（それぞれ別に食べます）。

【ココがPOINT!】
「AとBを同時にしない」なら〈not A and B〉

否定文で接続詞が使われる場合、要注意！　日本人はよく〈not A and B〉を「AもBも〜ない」と解釈しますが、正しくは「**AとBを同時に〜ない**」です。ですから例文は「私はケーキとアイスを一緒に食べません」。つまり、「それぞれ別に食べます」という意味に。ちなみにYou can eat cake or ice cream.と**肯定文にorを使**うと、「ケーキかアイスの**どちらかを**食べていいですよ」となります。

【練習問題】

次の英文を、接続詞の違いに注意して日本語訳しなさい。

❶ Don't eat and read at the same time.

❷ You can't have your cake and eat it (too).
（You can't eat your cake and have it [too].）

❸ I don't have a pen and a pencil.

❹ Would you like some tea or coffee?

【解答解説】
❶ 食事と読書を同時にしてはいけません。
つまりこれは「食事と読書は別々にしなさい」ということ。食事中に親が言うようなフレーズです。
❷ ケーキを持って、なおかつそれを食べるわけにはいかない。
「一度に両方（二つのこと）はできない」という意味のことわざ。「二兎追う者は一兎をも得ず」と同じような意味。haveとeatを入れかえてもOKです。
❸ ペンとエンピツの両方は持ち合わせていません。
「（ペンかエンピツの両方は持っていないけど）片方なら持っています」ということ。
❹ 紅茶かコーヒーはいかがですか？
来客に、紅茶かコーヒーのどちらがいいかを聞くときのフレーズです。

21 接続詞 or

Don't eat or read.
を日本語訳すると？

間違えやすい中学英語 ✕

食事か読書の
どちらかをしてはいけない。

ネイティブならこう教える！ ◯

食事も読書も、してはならない。

【ココがPOINT！】
「AもBもしない」なら〈not A or B〉

先ほどは〈not A and B〉でしたが、今度は〈not A or B〉です。Don't eat **and** read.なら「食事と読書を**同時にしてはいけない**」ですが、〈not A or B〉は「**AもBも〜ない**」なので、Don't eat or read.は「食事も読書も、してはならない」となります。orだから「どちらか一方をしてはいけない」だと間違える人が多いのですが、**否定文のorは、AとBをバラバラに考えることがポイント**です！

【練習問題】

次の日本語に合うよう、（　）内から適する接続詞（and / or / but）を選びなさい。

❶ 私の兄は野球もバスケットボールもやらない。
My brother doesn't play baseball (and / or / but) basketball.

❷ 彼女はチョコレートとナッツを一緒に食べません。
She doesn't eat chocolate (and / or / but) nuts.

❸ 私はペンもエンピツも持っていません。
I don't have a pen (and / or / but) a pencil.

❹ 私は、英語は話さないがフランス語を話します。
I don't speak English (and / or / but) French.

【解答解説】
❶ or
「野球もバスケットボールもやらない」なので、「AもBも〜ない」のnot A or Bを使いましょう。
❷ and
「チョコレートとナッツを一緒に食べません」なので、「AとBを同時に〜ない」のnot A and Bを使いましょう。
❸ or
何かを両方とも「〜ない」ならnot A or Bを使います。動詞を入れ替えて、さまざまな表現ができるようにしましょう。
❹ but
「英語は話さないがフランス語を話します」なので、not A but B (AではなくB) を使って表現します。

22 | 接続詞 when

中学英語ではこう習う

I was sad when I heard the news.

そのニュースを聞いて私は悲しかった。

ネイティブならこう教える！

The news made me sad.

そのニュースを聞いて私は悲しかった。

【ココがPOINT!】
ネイティブが嫌う、くどくどしいwhen接続

こういう場合、学校では「〜した時〜だった」と解釈してI was sad when ...と表現したかもしれません。でも、そんなときにネイティブが使うのは、そんなくどくどした英語ではなく、無生物主語の文。**日本人は生き物でないものを主語にするのをためらいますが、ネイティブは無生物主語が大好き**。この文も、The news made me sad.と無生物のthe newsを主語にすると、簡潔でいかにもネイティブらしい生き生きした表現になります。

【練習問題】

次の文を無生物主語の文に言い換えなさい。

❶ I get really sleepy when I listen to his speeches.（彼のスピーチを聞くととても眠くなる）

❷ We were all hungry after climbing for two hours.（2時間登山して、われわれはみんな腹ぺこだった）

❸ The company was almost destroyed because of his poor decision.
（彼の判断ミスでその会社は危うく破産するところだった）

❹ We were disappointed with his report.
（われわれは彼の報告に失望した）

【解答解説】

❶ His speeches make me sleepy./ His speeches put me to sleep.
whenの後にあるhis speechesを主語にして、「彼のスピーチが私を眠くさせた」と解釈します。

❷ Two hours of climbing made us hungry.
afterの後のclimbing for two hoursをtwo hours of climbingと言い換え、無生物主語の文にします。

❸ His poor decision almost destroyed the company.
becauseの後のhis decision was poorをHis poor decisionと言い換え、能動態の文にします。

❹ His report disappointed us.
接続詞の文ではありませんが、このような受動態の文も無生物主語の能動態に言い換えて、シンプルに表現しましょう。

23 前置詞 in ①

I'll go back to Japan in a month.
を日本語訳すると？

【間違えやすい中学英語】 ✗
1ヵ月以内に日本へ戻ります。

【ネイティブならこう教える！】 ○
1ヵ月後に日本へ戻ります。

【ココがPOINT！】
「～以内に」ではない、時間の経過を表す in

inといえば「～の中」「～の間に」だけだと思っていませんか？ 例文のように所要時間を表す場合のinは、**「今から～のあとに」「～がたって」**と**「経過」**を表すので、in a monthで「1ヵ月たったら」。in a few days（数日後に）やin a minute（すぐに）と同じく、ごく短い時間に対して使う用法です。「1ヵ月以内」と間違いなく**伝えたい場合は、inではなくwithinを使ってwithin a month**としましょう。

【練習問題】

次の英文を、前置詞に注意して日本語訳しなさい。

❶ I'll do it in a second.

❷ I'll be finished within five days.

❸ I'll do it by 10:30.

❹ Let's try to finish at 10:00.

【解答解説】
❶ すぐにそれをやるよ。
in a secondで「すぐに」、I'll be back in a second.（すぐ戻ります）などと使います。
❷ 5日以内に終わらせるよ。
「〜以内に」と締切りを設定するなら、「5日後に」と誤解されやすいinを避け、withinを使うといいでしょう。
❸ 10時半までにそれをやるよ。
「〜時までに」と明確に時間を設定するなら、制限時間を表すbyを使うといいでしょう。
❹ 10時ぴったりに終わらせよう。
at 10:00で「(10時前後ではなく) 10時ぴったりに」というニュアンスになります。

24 前置詞 in ②

Is John in the hospital now?
を日本語訳すると？

間違えやすい中学英語
ジョンは今、病院にいるの？

ネイティブならこう教える！
ジョンは今、入院しているの？

【ココがPOINT!】
「どこに」という意味ではない〈in＋場所〉

どうしてin the hospitalが「病院にいる」ではなく、「入院している」になるの？と思うかもしれません。でも、**inは場所だけでなく「～の中に入っている」という意味でも使われるのでネイティブは「入院している」ととらえます。**同様に、in the armyなら「軍隊に入っている」、in the schoolなら「校内で」です。**場所を表す前置詞でも、文脈によりさまざまな解釈が可能**だということを、ぜひ覚えておいてください。

【練習問題】

次の日本語に合うよう、(　) 内に適する前置詞を入れなさい。

❶ そのCDショップに寄ろう。
Let's go (　) the CD shop.

❷ そのCDショップの中に入ろう。
Let's go (　) the CD shop.

❸ 彼女は学校で何を習った？
What did she learn (　) school?

❹ 彼女は学生時代に何を習った？
What did she learn (　) school?

【解答解説】
❶ in
このinは「〜に」「〜で」と場所を表す用法になるため、go in ...で「〜に寄る」となります。
❷ into
このintoは「〜の中に」という意味で、go into ...で「〜の中に入る」となります。前置詞inとの意味の違いに注意しましょう。
❸ at
このatはピンポイントの場所を表すため、at schoolで「学校で」となります。❹のinとのニュアンスの違いに注意しましょう。
❹ in
inの後が無冠詞で使われる場合「その場の機能」を表すため、in schoolで「在学中に」です。

25 前置詞 fromとat

> **間違えやすい中学英語**
>
> The meeting starts from 9:00 tomorrow.
>
> 会議は明日の9時から（9時をスタート地点に）始まる。

> **ネイティブならこう教える！**
>
> The meeting starts <u>at</u> 9:00 tomorrow.
>
> 会議は明日の9時に始まる。

【ココがPOINT！】
悩ましい、「始まり」のfromと「ピンポイント」のat

開始時間を伝えるとき、日本語では「9時**から**始まる」と言いますよね？　でも英語の場合、発想を変えて「9時に始まる」とピンポイントの時間を指すと考え、at 9:00と表現するのが一般的です。「**具体的な時間や場所がわかる場合はatを使う**」と覚えておくといいでしょう。日本語の「〜から」を直訳してfromを使っても通じないことはありませんが、英語本来の正しい表現を覚えるようにしましょう。

【練習問題】

次の文を日本語訳しなさい。

❶ He looked out from the window.

❷ He looked out of the window.

❸ This chair is made of wood.

❹ This chair is made from aluminum.

【解答解説】
❶ 彼は窓から外を見た。
fromは「スタート地点」というイメージが強いので、look out from ...は「〜から外を見る」となります。
❷ 彼は窓の外を見た。
out ofは「内から外へ」というイメージになるため、look out of ...は「〜の中から外を見た」となります。fromとofの違いに注意して。
❸ この椅子は木製だ。
be made of ...は、原料となる素材をそのまま利用したものを表すため、be made of woodで「木製」となります。
❹ この椅子はアルミニウム製だ。
be made from ...は、加工して使われる素材を表すため、be made from aluminumで「アルミニウム製」となります。ofとfromの違いに注意！

☑ ☑ ☑ ☑ ☑

26 前置詞 at

Bob hit at my nose.
を日本語訳すると?

間違えやすい中学英語 ✗

ボブは私の鼻を殴った。

ネイティブならこう教える! ○

ボブは私の鼻を<u>殴ろう</u>とした。

【ココがPOINT!】
学校で教わらなかった、「瞬間」のat

「なぜ『殴ろうとした』なの？」と疑問に思うかもしれません。Bob hit my nose. であれば「ボブは私の鼻を殴った」ですが、atが入ると「殴ろうとした」という意味に。実は**atは動作の対象**だけでなく、「〜しようとした」という「**動作の途中の瞬間**」も表します。そのため**実際に動作が終わったかわからない**（あくまでも「**殴ろうとした」で、本当に「殴った」かどうかはわからない**)、**途中の状況を表す**のです。前置詞って、奥が深いですね。

【練習問題】

次の日本語に合うよう、(　　)内の英語を並べ替えて文を作りなさい。

❶ タカが私に襲いかかった。
(the / at / hawk / me / flew).

❷ 彼はナイフを持って私に襲いかかった。
(knife / with / me/ a / at / came / he).

❸ 子供たちはスナック菓子に手を伸ばした。
(at / the / the / got / snacks / children).

❹ 彼は朝食をとっていた。
(was / breakfast / at / he).

【解答解説】
❶ The hawk flew at me.
「瞬間」を表すatの用法なので、fly atで「〜に襲いかかる」という意味になります。
❷ He came at me with a knife.
come at ...で「〜に飛びかかる」「〜に攻撃する」という意味なので、come at ... with a knifeで「ナイフを持って〜に襲いかかる」。
❸ The children got at the snacks.
get at ...で「〜を手に入れようとする」。そこから「〜に手を伸ばす」という意味になります。他に「〜を目指す」「〜を言おうとする」などの意味も。
❹ He was at breakfast.
be at breakfastで「朝食中に」、be at ...で瞬間的に「〜しようとしている」というニュアンスになります。

27 | 不定冠詞aと無冠詞①

間違えやすい中学英語

Do you like a carrot?

（どれでもいい1本の）ニンジンは好きですか？

ネイティブならこう教える！

Do you like <u>carrots</u>?

ニンジン（というもの）は好きですか？

【ココがPOINT！】
モノの総称には冠詞はつけない

英語で最初につまずくのが、単数形と複数形の違いでしょう。**単数のaは、ネイティブからすると「(特にこれとは限定しない) どれでもいいもののうちの1つ」というニュアンス**なので、Do you like a carrot?だと「（どれでもいい）1本のニンジンは好きですか？」という不自然な英語に。一方、carrotsと複数形にすれば、「ニンジンというものは好きですか？」と総称としてのニンジンを指すので自然です。**「総称の場合は複数形を使う」**と覚えておきましょう。

【練習問題】

次の2組の文のうち、正しい記号を選びなさい。

❶ (a) Lions are dangerous animals.
　(b) A lion is dangerous animal.

❷ (a) Do monkeys like bananas?
　(b) Does monkey like a banana?

❸ (a) Where is my chopsticks?
　(b) Where are my chopsticks?

❹ (a) Do you like mathematic?
　(b) Do you like mathematics?

【解答解説】
❶ (a) Lions are dangerous animals.（ライオンは危険な動物だ）
Lionsと複数形にすることで、「～というものは」と総称を表します。一方、(b)のA lionだと「（どれでもいい1頭の）ライオンは～」なんて意味に。
❷ (a) Do monkeys like bananas?（サルはバナナが好きですか？）
monkeysと複数形にすることで、総称としてのサルを表します。また、総称としてのバナナも複数形、房のバナナも複数形です。
❸ (b) Where are my chopsticks?（私の箸はどこ？）
chopsticksは基本的に2本1セットなので複数形で使います。ほかにscissors（ハサミ）やtrousers（ズボン）なども常に複数形です。
❹ (b) Do you like mathematics?（数学は好きですか？）
学問を表す名詞で語尾が -icsになるものがありますが、これは不可算名詞なので単数扱いです。ほかにeconomics（経済学）やpolitics（政治学）などもあります。

28 | 不定冠詞aと無冠詞②

I'd like hamburger, please.
を日本語訳すると？

間違えやすい中学英語 ✗

ハンバーガーをください。

ネイティブならこう教える！ ○

ハンバーグをください。

【ココがPOINT!】
aをつけるかつけないかでモノが変わることがある

実はハンバーガーもハンバーグも、英語では同じhamburgerという単語を使うって知っていました？　ただし**冠詞の有無で意味が異なり、ハンバーガーはa hamburger、ハンバーグは無冠詞のhamburger**となります。そのため、I'd like hamburger, please.は無冠詞なので「ハンバーグをください」、I'd like **a** hamburger, please.なら「ハンバーガーをください」。冠詞の有無で意味が変わる名詞もあるので、注意しましょう！

【練習問題】

次の文を、冠詞の違いに注意して日本語訳しなさい。

❶ Do you have paper?

❷ Do you have a paper?

❸ She ate cake for dessert.

❹ She ate a cake for dessert.

【解答解説】
❶ 紙（の塊）を持っていますか？
paperが無冠詞で使われているので、この場合のpaperは1枚ずつに切り離された紙ではなく「（ロール状のような）塊の紙」を指します。
❷ 新聞を持っていますか？
a paperと不定冠詞が付くので、この場合は「新聞」という意味になります。「1枚の紙」ならa sheet of paperです。
❸ 彼女はデザートにケーキを食べました。
この場合のcakeは無冠詞なので、カップケーキのようなナイフで切り分けられていない小さなケーキを指します。
❹ 彼女はデザートに1ホールのケーキを食べた。
a cakeと不定冠詞が付くので、「ホール丸ごとのケーキ」を指します。ナイフで切り分けられた「1きれのケーキ」は、a piece of cakeとなります。

29 | 不定冠詞 a

間違えやすい中学英語

Bring me a magazine.

どれでもいい雑誌を1冊持って来て。

ネイティブならこう教える！

Bring me <u>the</u> magazine.

（ほかの雑誌ではなく）その雑誌を持って来て。

【ココがPOINT!】
どれでもいいならaをつける

「不定冠詞のaは1つのものを指す」と習ったでしょうが、ネイティブにとってのaは「たくさんある中の、どれでもいい1つ」です。Bring me **the** magazine.なら「**その雑誌を持って来て**」と具体的な雑誌を指しますが、Bring me **a** magazine.だと「どれでもいい1冊の雑誌」というイメージ。具体的に「どれ」と特定せず、「**どれでもいいものの1つ**」となるのが不定冠詞aのニュアンスです。教科書に載っていないこの感覚を、ぜひ覚えてください。

【練習問題】

次の日本語に合うよう、（　）内から適する冠詞（a / an / the / ×［無冠詞］）を選びなさい。

❶ 今晩、夕食を一緒に食べませんか？
　Would you like to have (a / an / the / ×) dinner with me tonight?

❷ 今晩、特別な夕食会はどう？
　How about (a / an / the / ×) dinner tonight?

❸ どこかの図書館に行かないと。
　I need to go to (a / an / the / ×) library.

❹ いつもの図書館に行かないと。
　I need to go to (a / an / the / ×) library.

【解答解説】
❶ ×
食事はふつう無冠詞で使い、dinnerで「夕食」、lunchで「昼食」などとなります。
❷ a
a dinnerとあえて不定冠詞を付けると、「特別な夕食会（スピーチを聞いたりするような会食など）」という意味に。
❸ a
a libraryと不定冠詞を使うと、「どことは決めていない1ヵ所の図書館」というニュアンスになります。
❹ the
the libraryを定冠詞で限定すると、「（どこでもいい図書館ではなく）いつもの図書館」という意味に。

30 定冠詞 the

> **I bought the blue cap.**
> を日本語訳すると？

中学英語ではこう習う △

私はその青い帽子を買った。

ネイティブならこう教える！ ○

私は（赤とか黒ではなく）青いほうの帽子を買った。

【ココがPOINT！】
「（ほかのものではなく）そっちの」と限定するthe

「定冠詞のtheは特定のものを指す」と習いましたよね？　そのためtheを「その」と訳している例をよく目にしますが、ネイティブの感覚はちょっと違います。ネイティブがthe blue capと言うとき、「（赤とか黒ではなく）青い**ほう**の帽子」というイメージです。**theで「（ほかのものではなく）～のほうの」と限定している**と考えるといいでしょう。その限定されたイメージこそが、ネイティブにとっての定冠詞theです。

【練習問題】

次の文を、冠詞の違いに注意して日本語訳しなさい。

❶ She works at a department store.

❷ She works at the department store.

❸ Do you have time?

❹ Do you have the time?

【解答解説】
❶ 彼女は(いろいろあるデパートのうちの1つの)デパートで働いています。
特にどのデパートかを限定せず、「いろいろあるデパートのうちの1つ」というニュアンスです。
❷ 彼女は(ほかのデパートではなく)そのデパートで働いています。
定冠詞theを付けると、ほかのいろいろあるデパートではなく、話者同士が共通認識している「ある特定のデパート」を指します。
❸ 時間はありますか?
ナンパに使われるフレーズ。無冠詞なので、timeはそのまま「時間」という意味になります。
❹ 今、何時ですか?
定冠詞theが付くと「時計(時刻)」を指すので、Do you have the time?は「時計を持っていますか?」つまり「今、何時ですか?」となります。

31 不定冠詞aと定冠詞the

間違えやすい中学英語

Weather isn't really nice today.

今日はどこかの天気があまり良くないですね。

ネイティブならこう教える!

<u>The</u> weather isn't really nice today.

今日の天気はあまり良くないですね。

【ココがPOINT!】
ある特定のものを示すならtheをつける

もう不定冠詞と定冠詞のニュアンスの違いはつかめましたよね？ weatherは無冠詞でも使えますが、Weather isn't ...だと「どこの天気を指すのか」があいまいなため、「今日はどこかの天気があまり良くないです（？）」などと意味不明の文に。定冠詞を付けて**The** weather ...とすれば、**話者同士が認識している「ある特定の天気**（この場合、会話をしている場所の天気）」を指します。不定冠詞と定冠詞の感覚をマスターすると、あなたの英語力も確実にアップしますよ！

【練習問題】

次の日本語に合うよう、( )内から適する冠詞（a / an / the / ×［無冠詞］）を選びなさい。

❶ コーヒーは人気のある飲み物です。
(A / An / The / ×) coffee is a popular drink.

❷ 私は大西洋を見たことがありません。
I've never seen (a / an / the / ×) Atlantic Ocean.

❸ 私は東日本に住んでいます。
I live in (a / an / the / ×) eastern Japan.

❹ ロッキー山脈はスキーで有名です。
(A / An / The / ×) Rocky Mountains are famous for their skiing.

【解答解説】
❶ ×
coffeeは飲み物で不可算名詞のため、無冠詞のcoffeeで「コーヒーというものは」という意味に。
❷ the
海洋には通常、定冠詞theを付けます。あわせてthe Pacific Ocean（太平洋）も覚えておきましょう。
❸ ×
「東日本」なら無冠詞のeastern Japanです。「日本の東部」と表現するなら、the eastern part of Japanと定冠詞を付けます。
❹ The
単体の「山」には冠詞を付けないので、富士山はMt.Fujiです。ただし、山が連なった山脈には定冠詞theを付けます。

☑☑☑☑☑

32 | 可算名詞と不可算名詞

Do you have a paper?
を日本語訳すると？

間違えやすい中学英語 ❯

紙を1枚持っている？ ✗

ネイティブならこう教える！ ❯

<u>新聞</u>を持っている？ ○

【ココがPOINT！】
日本語の概念にない「不可算名詞」

「a paperで1枚の紙じゃないの？」と思うかもしれませんが、実はDo you have a paper?は「新聞を持っている？」です。paperは面倒な名詞で、**不可算名詞のときのpaperは「（1枚ずつになっていない塊の）紙」、可算名詞のa paperは「新聞」、a piece of paperなら「1枚の紙」**になります。ですから、「紙を1枚持っている？」ならDo you have a piece of paper?です。学校ではここまで習わなかった方も多いでしょうが、1つの名詞でもここまで意味が変わることを覚えておきましょう！

【練習問題】

次の文の（　）内から適する語を選びなさい。

❶ 私は情報をたくさん持っている。
I have a lot of (information / informations).

❷ 彼は手荷物が2つある。
He has two (pieces of luggage / luggages).

❸ 先生は私にいいアドバイスをくれた。
My teacher gave me some (good advice / good advices).

❹ われわれはソフトを3本買った。
We bought three (pieces of software / softwares).

【解答解説】
❶ information
a lot ofは不可算名詞にも可算名詞にも使えます。informationは不可算名詞なので複数形にはなりません。
❷ pieces of luggage
luggageは不可算名詞なので、luggagesと複数形にはなりません。「2つ」と言う場合はtwo pieces of ...を使います。
❸ good advice
adviceは不可算名詞なので、advicesと複数形にはなりません。someが付いてもgood adviceのままです。
❹ pieces of software
意外かもしれませんが、ソフトは不可算名詞なのでsoftwaresとはなりません。複数のときはpieces of ...を使いましょう。

33 | 副詞 veryとreally

> 中学英語ではこう習う

I'm very hungry.

私は非常におなかがへっています。

> ネイティブならこう教える！

I'm really hungry.

私はとてもおなかがへっている。

【ココがPOINT！】
客観的なvery、主観的なreally

学校で、「『とても』にあたる英語はvery」と習ったはず。教科書でもveryは最初のほうに出てきましたよね？ でも実は、veryは客観的な語のため、自分の感想などの主観的な感情を表す際に使うと、冷静すぎてやや不自然に聞こえます。かわりにネイティブがよく使うのは、「本当に」「すごく」という気持ちが表れるreally。**考えや感想を述べる際は、客観的なveryではなく主観的なreally**を使うと、自然な気持ちのこもった英語になります。

【練習問題】

次の文の（　）内から適する副詞（very / really）を選びなさい。

❶ 今日はとても寒い。
It's (very / really) cold today.

❷ ご親切にありがとうございます。
That's (very / really) kind of you.

❸ とても素晴らしい。
It's (very / really) awesome.

❹ そのレポートはとても詳しかった。
The report was (very / really) detailed.

【解答解説】
❶ really
veryだと冷静な言い方に聞こえますが、reallyを使うと「本当に」「すっごく」と心がこもった表現になります。
❷ very
相手の親切に対するお礼の決まり文句です。決まり文句のため、冷静なニュアンスのveryを使っても違和感はありません。
❸ really
reallyを使うと、心から感動して本当に素晴らしいと思っていることが伝わります。
❹ very
レポートやテストのようなものを客観的に評価する場合、reallyよりもveryがふさわしいでしょう。

34 | 副詞 well

中学英語ではこう習う

She sings well.

彼女は（そこそこ）歌がうまい。

ネイティブならこう教える！

She's a great singer.

彼女はすごく歌がうまい。

【ココがPOINT!】
ほめたつもりが「そこそこ」なイメージになるwell

She sings well.のように「うまい」の意味でwellを使っているテキストがありますが、wellは「そこそこうまい」程度にしか聞こえません。こんなとき、実際にネイティブが使う表現は、She's a great singer.です。**... is a great ...で、定番表現の「〜がうまい（人だ）」**となります。ちなみに、She's a **good** singer.だと「そこそこのレベル」に聞こえるので、goodではなくgreat（すごく）を使うのがポイントです！

【練習問題】

左ページの〈ネイティブならこう教える！〉にならって、次の文を英語にしなさい（下線部に1単語ずつ入ります）。

❶ きみは演技がうまい。（ヒント：きみは素晴らしい役者だ）
＿＿＿　＿＿＿　＿＿＿　＿＿＿．

❷ 彼はサッカーがうまい。（ヒント：彼は素晴らしいサッカー選手だ）
＿＿＿　＿＿＿　＿＿＿　＿＿＿　＿＿＿．

❸ 彼女は料理がうまい。（ヒント：彼女は素晴らしい料理人だ）
＿＿＿　＿＿＿　＿＿＿　＿＿＿．

❹ 義理の兄は素晴らしい人だ。（ヒント：彼は素晴らしい義理の兄だ）
＿＿＿　＿＿＿　＿＿＿　＿＿＿　＿＿＿．

【解答解説】

❶ You're a great actor.
You're a great ...で「あなたは〜がうまい」という意味になり、相手をほめる際に使われるフレーズです。

❷ He's a great football player.
He's a great ...で「彼は素晴らしい〜だ」。greatの後に職種を入れれば、その仕事で優秀だというほめ言葉になります。

❸ She's a great cook.
ホームパーティに招かれた際、その家の奥さんへのほめ言葉としてよく使われるフレーズです。決まり文句なので、丸ごと覚えてしまいましょう。

❹ He's a great brother-in-law.
brother-in-lawで「義理の兄弟」、greatの後は職種のほか、肩書きなどを入れることも可能です。

35 | 副詞always＋現在進行形

She's always complaining.
を日本語訳すると？

中学英語ではこう習う △

彼女はいつも
文句を言っている。

ネイティブならこう教える！ ○

彼女はいつも
文句ばかり言っている。

【ココがPOINT！】
「～ばっかり！」とネガティブなニュアンスになるalways doing

現在進行形と一緒にalwaysが使われている文、よく見ますよね？ She's always complaining.を「いつも文句を言っている」と訳していたかもしれませんが、ネイティブの感覚からすると、これは「**いつも文句ばかり言っている**」と苛立ちの表れたフレーズになります。〈always＋現在進行形〉は「いつも～している」ではなく、「**いつも～ばかりして（嫌だ）**」というネガティブなニュアンスになると覚えておきましょう。「明らかに不満を感じている」フレーズなので、注意してください。

【練習問題】

次の文を日本語訳しなさい。

❶ He's always getting mad at me.

❷ She's always surprising me.

❸ You're always playing games.

❹ You're forever talking about yourself.

【解答解説】
❶ 彼はいつも私に怒ってばかりいる。
いつも自分に対して怒ってばかりいる相手に対する、不満のフレーズになります。get madで「怒る」です。
❷ 彼女はいつも私を驚かせてばかりいる。
surpriseにはそもそも人の不意を突くニュアンスがあるので、そのことに対する不満の表れた文になります。
❸ あなたはいつもゲームばかりやっている。
play gamesで「ゲームをする」、感情を表す動詞ではありませんが、非難めいた口調になります。
❹ あなたはいつも自分の話ばかりしている。
alwaysだけでなく、forever（いつも）のような語もよく現在進行形と一緒に用いられ、「いつも〜ばかりしている」という意味になります。

36 | 形容詞manyとa lot of

中学英語ではこう習う ⌄ △

I have many books.

私は多くの本を持っています。

ネイティブならこう教える！ ⌄ ○

I have <u>a lot of</u> books.

私はたくさんの本を持っています。

【ココがPOINT！】
ネイティブはa lot ofを多用する

学校では「manyは可算名詞に使い、a lot ofは可算名詞にも、不可算名詞にも使える」と教わったはず。上の例文のbooksは**可算名詞ですからmany booksでも間違いではありません**が、ネイティブは会話の場合、よくmanyのかわりにa lot ofやlots ofを使います。**a lot ofなら名詞が数えられるか否かに関係なく使えますし、ニュアンス的にもカジュアルになります。** a lot ofは可算／不可算名詞の感覚がつかみにくい日本人でも簡単に使えるので、manyよりもオススメです！

【練習問題】

次の日本語に合うよう、（　）内に適する語を入れて英文を作りなさい。

❶ 昨夜はとても楽しかった。
　Last night was (　　) (　　) (　　) (　　).

❷ たくさんの情報が必要です。
　I need (　　) (　　) (　　) (　　).

❸ 彼は多額を浪費した。
　He spends (　　) (　　) (　　) (　　).

❹ 今日は大勢のお客さんが来た？
　Did we have (　　) (　　) today?

【解答解説】
❶ **a lot of fun**
funは不可算名詞で、... was a lot of funで「〜はとても楽しかった」となります。

❷ **a lot of information**
意外かもしれませんが、informationは不可算名詞です。ですからそもそもmanyには使えません。

❸ **a lot of money**
「お金」は不可算名詞なので、そもそもmanyは使えません。a lot of moneyで「大量のお金」つまり「多額」です。

❹ **many customers**
疑問文や否定文の場合、manyもよく使われます。manyの場合、その後が可算名詞だと複数形になることに注意しましょう。

37 | 形容詞 some

I bought some apples.
を日本語訳すると？

中学英語ではこう習う △

私はいくつかのリンゴを買った。

ネイティブならこう教える！ ○

私は<u>ちょうどいい数</u>のリンゴを買った。

【ココがPOINT！】
「いくらかの」ではなく「適量な数」を表すsome

someは「いくらかの」と習ったでしょうが、「いくらかの」とはどれくらいの数量でしょうか？ 実はネイティブにとってのsomeは、「**数個**」というよりも「**(その状況における) 適切な数量**」を指す形容詞です。そのためI bought some apples.で、「(その人にとって) ちょうどいい数のリンゴを買った」というニュアンスに。また、ただI bought **apples**.と複数形にすると、ネイティブは「大量のリンゴ」を想像します。こんな英語独特の数量感覚も、ぜひ身につけてください。

【練習問題】

下線部の英語のニュアンスに注意して、日本語訳しなさい。

❶ Is there <u>some</u> milk in the fridge?

❷ He needs to get <u>some</u> sleep.

❸ She's reading <u>some</u> books on mathematics.

❹ Ask <u>some</u> managers to come here.

【解答解説】
❶ 冷蔵庫にいくらか牛乳がある？
この場合のsome milkは「そこそこの量」を表します。疑問文なのにanyではなくsomeを使うのは、「(そこそこの量)ある」というニュアンスだからです。
❷ 彼は適度に寝なくてはいけない。
some sleepは「多少の睡眠」ではなく、「適切な量の睡眠」になります。need to get some sleepで「適度に寝る必要がある」。
❸ 彼女は数学の本を何冊か読んでいる。
ただ複数の本を読んでいるのではなく、ある程度の冊数を読んでいることを表します。
❹ マネージャーの誰かにここへ来るよう言って。
any managersだと「誰でもいいマネージャー」ですが、some managersは「誰か適切な人物」というニュアンスです。

☑☑☑☑☑

38 | 形容詞 fine と nice

中学英語ではこう習う △

The weather's fine today.

今日はまあまあの天気だ。

ネイティブならこう教える！ ○

The weather's <u>nice</u> today.

今日はいい天気だ。

【ココがPOINT！】
全然「良く」ないfine

fine＝「良い」と習ったかもしれませんが、**ネイティブにとってfineは「まあまあ」くらいの意味です**。よく元気かどうかを聞かれて、I'm fine, thank you.なんて返事を練習したでしょうが、これも実は「まあまあ元気」くらい。**本当に「良い」と言うなら、fineではなくniceやgreat、beautifulといった「明確に良いと伝わる」言葉を使うようにしましょう**。The weather's great.やI'm doing great.と言えば、きちんと「良い」という意味で伝わります。

【練習問題】

次の文を英語にしなさい（下線部に１単語ずつ入ります）。

❶ すごくいいアイデアだね！
　_____ _____ _____ _____!

❷ いいと思うよ。
　_____ _____ to me.

❸ ありがとう！
　That's so _____ _____ you!

❹ それはうれしいな。
　That _____ _____ great.

【解答解説】
❶ **That's a great idea**
相手の企画などをほめるときの決まり文句です。
❷ **Sounds good**
相手に同意する定番表現といえば、sound good。「いいねえ」という意味で、非常によく使われます。
❸ **nice of**
fineは今ひとつほめ言葉になりませんが、niceなら「良い」という感情を表すことができます。親切な相手をほめる決まり文句です。
❹ **would be**
相手の行動などを評価した決まり文句。助動詞のwouldを使っていることに注意しましょう。

39 | 形容詞 big と large

中学英語ではこう習う

This is the biggest building in the country.

これは国内で一番おっきなビルです。

ネイティブならこう教える！

This is the <u>largest</u> building in the country.

これは国内で一番大きなビルです。

【ココがPOINT！】
客観的にサイズを示すlarge

bigとlargeの違いって、わかりますか？ どちらも学校では「大きい」と習ったでしょうが、実はニュアンスが異なります。**ネイティブにとってbigは、「大きい！」という驚きも含む主観的な語のため、口語で非常に好まれます。**一方、**largeは客観的な大きさを表す語**。そのため例文のような表現では、冷静な判断に聞こえるlargeのほうが好まれます。類義語は、状況によってうまく使い分けるといいでしょう。

【練習問題】

次の日本語に合うよう、(　)内に適する形容詞を入れて英文を作りなさい。

❶ 彼はケーキを丸ごと平らげた。
He ate the (　) cake.

❷ 彼はケーキを残さず食べた。
He ate the (　) cake

❸ 今日は寒くなる。
It's going to be (　) today.

❹ 今日は涼しくなる。
It's going to be (　) today.

【解答解説】
❶ whole
wholeは「少しも残さず」という意味なので、ここでは「丸ごと平らげる」という意味になります。
❷ entire
entireには「少しも残さず」という意味があり、wholeより客観的な表現のため、ビジネスでは好まれます。
❸ cold
coldは温度の低さを表す語。心地よい温度ではなく、冷たさ・寒さといったネガティブさを感じる場合に使います。
❹ cool
coolは「冷たい」ではなく、「ちょうどいい快適な涼しさ」を表します。coldのネガティブさに対して、ややポジティブなイメージになります。

☑☑☑☑☑

40 | 感嘆文

中学英語ではこう習う ✗

How nice this car is!

これはなんていい車なのだ！

ネイティブならこう教える！ ◯

What a nice car!

なんていい車だ！

【ココがPOINT！】
古くさくて笑われる⁉　驚きを示すHow

感嘆文で、What a nice car this is!＝How nice this car is!と書き換える練習をたくさんしたかと思います。文法的には正しいのでしょうが、〈How＋形容詞＋主語＋動詞！〉は今ではほぼ使われていない表現です。Howを使うなら、How nice!（すごくいいね！）やHow cool!（すごくかっこいい！）のように、形容詞1語を付けて使いましょう。**後に形容詞や名詞を続けるなら〈What a＋形容詞＋名詞〉を、形容詞だけでいいならHowを使う**、と区別するといいでしょう。

―088―

【練習問題】

次の日本語に合うよう、（　）内に適する語を入れて英文を作りなさい。

❶ なんて辛いピザなんだ！
　（　　）（　　）（　　）pizza!

❷ なんてカッコいい自転車！
　（　　）（　　）（　　）bike!

❸ なんていいヤツなんだ！
　（　　）（　　）（　　）guy!

❹ なんて高い車だ！
　（　　）（　　）（　　）car!

【解答解説】
❶ **What a hot**
What a hot pizza this is!とはせず、最後の「代名詞＋動詞」を省略すると自然な英語に。Howで言い換えるなら、How hot!（なんて辛い！）。
❷ **What a cool**
Howで言い換えるとしたら、How cool!（なんてカッコいい！）の2語だけでOKです。
❸ **What a nice**
How nice!（なんてやさしい！）の2語だけでもOK。How nice!は、さまざまなものをほめるときに使えるとても便利なフレーズです。
❹ **What an expensive**
Howで言い換えるとしたら、How expensive!（なんて［値段が］高い！）の2語だけでOKです。

Column 3

比較（原級 / 比較級 / 最上級）

学校では「〜と同じ」「〜より大きい」といったざっくりした表現を学んだはず。
でも、会話では「ほぼ同じ」や、「ちょっと大きい」など、
より細かい表現のほうがよく使いませんか？

まずは基本をおさらい！

原級 比較するもの同士が、同じ程度であることを表す
〈A ... as+原級+as B〉「AはBと同じくらい〜だ」
He's as tall as I am.（彼は私と同じくらいの背の高さだ）

比較級 2つのものを比べて、
片方がもう1つより程度が高い（低い）ことを表す
〈A ... 比較級+than B〉「AはBより〜だ」
He's taller than I am.（彼は私よりも背が高い）

最上級 3つ以上のものを比べて、
1番程度が高い（低い）ことを表す
〈A ... 最上級(+名詞)〉「Aは（3つ以上の中で）1番〜だ」
He's the tallest person in the class.（彼はクラスで1番背が高い）

実際によく使うフレーズを覚えよう！

●原級
He's **almost as tall as** I am.（ほぼ同じ背の高さ）
Hes **exactly as tall as** I am.（まさに同じ背の高さ）
He's **not quite as tall as** I am.（〜ほど背は高くない）

●比較級
He's **slightly taller than** I am.（〜よりわずかに背が高い）
He's **a little taller than** I am.（〜より少し背が高い）
He's **a lot taller than** I am.（〜よりすごく背が高い）
He's **much taller than** I am.（〜よりずっと背が高い）
He's **a whole lot taller than** I am.（〜よりかなり背が高い）

●最上級
He's **almost the tallest** person in my class.（〜でほぼ1番背が高い）
He's **by far the tallest** person in my class.（〜で群を抜いて背が高い）

Column 4

可算名詞と不可算名詞

日本語にない概念のため、間違えやすいのが「可算名詞」と「不可算名詞」。
ネイティブは感覚で区別しているので、
下記のリストを覚えて「名詞の感覚」を身につけるようにしましょう！

数えられる名詞（可算名詞）

可算名詞の場合、基本的にtwo books, three girls と〈数字＋複数形〉にすればOK。
ただし例外的に不規則なものもあるので、その代表的なものを覚えておきましょう。

●不規則な複数形の可算名詞
child – children（子供）、datum – data（データ、資料）、foot – feet（足）、half – halves（半分）、knife – knives（ナイフ）、life – lives（生命、人生）、man – men（男性、人間）、potato – potatoes（じゃがいも）、wife – wives（妻）、woman – women（女性）

数えられない名詞（不可算名詞）

不可算名詞になるものは、基本的に1つ、2つという「個体として」数えられないもの。
液体や気体、物質、抽象概念の他、パンなどの「塊」も不可算名詞となります。

●飲食物・液体
beef（牛肉）、bread（パン）、butter（バター）、cabbage（キャベツ）、candy（キャンディ）、cheese（チーズ）、chicken（鶏肉）、chocolate（チョコレート）、cream（クリーム）、fish（魚）、flour（小麦粉）、fruit（果物）、ice cream（アイスクリーム）、meat（肉）、rice（お米）、salt（塩）、sugar（砂糖）、coffee（コーヒー）、milk（ミルク）、tea（お茶）、water（水）

●物質・気体
air（空気）、gasoline（ガソリン）、gold（金）、ice（氷）、leather（革）、paper（紙）、rain（雨）、silver（銀）、snow（雪）、soap（石鹸）、steel（鋼）、wood（材木）、wool（毛糸）

●抽象的概念
advice（忠告）、anger（怒り）、beauty（美）、fun（楽しさ）、happiness（幸福）、health（健康）、honesty（正直）、knowledge（知識）、love（愛）、weather（天気）

●集合的なもの
clothing（洋服）、furniture（家具）、homework（宿題）、jewelry（宝石）、money（お金）

※不可算名詞は、a cup of coffee（1杯のコーヒー）のように「容器」に入れて数えたり、a sheet of paper（1枚の紙）など「形状的な特徴」をもとに「数えられる形」にします。

41 疑問文 what

間違えやすい中学英語

What is your job?

あなたは一体どんな仕事をしているのですか？

ネイティブならこう教える！

What do you do?

あなたは何をしていますか？（職業は何？）

【ココがPOINT！】
実は、無礼な表現What is ...?

時々、What do you do?を「あなたは今、どんなことをしていますか？」と勘違いしている人がいますが、これは「あなたは何をしていますか？」つまり「**何の仕事をしていますか？**」と職業をたずねる決まり文句です。What is your job? でも間違いではありませんが、これはあまりにストレートな聞き方で失礼に思われます。**人に仕事を聞くなら、ちょっと遠回しな言い方のWhat do you do?を使うのがマナー**です。

【練習問題】

次の日本語に合うよう、下線部に適する語を入れて英文を作りなさい。

❶ 「彼の仕事は何ですか？」「彼はギタリストです」
"＿＿＿ ＿＿＿ ＿＿＿ ＿＿＿?"
"He ＿＿＿ the guitar."

❷ 「あなたの仕事は何ですか？」
「私はレストランで料理をしています」
"＿＿＿ ＿＿＿ ＿＿＿ ＿＿＿?"
"I ＿＿＿ at a restaurant."

❸ 「マイクの仕事は何ですか？」
「彼はコンビニエンスストアを経営しています」
"＿＿＿ ＿＿＿ ＿＿＿ ＿＿＿?"
"He ＿＿＿ a convenience store."

【解答解説】
❶ "What does he do?", plays
What does he do?と聞かれてHe plays the guitar.と答えたら、「彼はギターを弾いている」つまり「彼はギタリストです」という意味になります。
❷ "What do you do?", cook
職業を聞かれたら、I'm a cook.（私は料理人です）だけでなく、I cook at ...（私は～で料理をしています）という返事の仕方もあります。
❸ "What does Mike do?", runs
動詞のrunには「経営する」という意味があるので、He runs ...と言えば「～を経営している」、つまり「経営者」ということになります。

42 | 疑問文 why

中学英語ではこう習う

△

Why did you come to Japan?

どうして日本に来たんですか？（理由を言いなさい）

ネイティブならこう教える！

○

What brought you to Japan?

どういうわけで日本に来ることになったんですか？

【ココがPOINT！】
尋問に聞こえるWhy...?

「理由を聞くときは、〈Why＋疑問文〉を使う」と習ったはず。でも、**相手にいきなりWhy ...?と聞くと「どうして〜なの？」と尋問しているみたいに思われる**かも。ネイティブなら、理由を聞くのにもっと婉曲的な聞き方をするでしょう。たとえば**What brought you to ...?なら「どういうことで〜することになったの？」とソフトな質問に**。さまざまなシチュエーションで使える便利なフレーズですから、ぜひ覚えてください。

【練習問題】

次の日本語に合うよう、（　）内の英語を並べ替えて文を作りなさい。

❶ どういうわけでアメリカに来たの？
（America / you / brought / to / what）？

❷ どういうわけであなたはここにいるの？
（you / brings / what / here）？

❸ 何があなたをそんなに悲しませたの？
（so / made / what / sad / you）？

❹ 何があなたを心変わりさせたの？
（your / you / what / mind / change / made）？

【解答解説】
❶ What brought you to America?
最後のAmericaの部分をほかの地名に変えれば、その場所に来た理由を尋ねることができます。
❷ What brings you here?
現在形なので、「なんでここにいるの？」といったニュアンス。過去形にすれば、「なんでここに来たの？」です。
❸ What made you so sad?
sadの部分を他の形容詞に変えれば、感情が変化した理由を尋ねることができます。
❹ What made you change your mind?
change one's mindで「心変わりする」、makeは使役動詞なので「心変わりさせる」となります。

43 疑問文 where

中学英語ではこう習う

Where is my wallet?

私の財布はどこ？（誰か盗った？）

ネイティブならこう教える！

Where did my wallet go?

私の財布、どこへ行っちゃったのかしら？

【ココがPOINT！】
私物のありかはWhere is...?で聞かない

「場所を聞くならWhereを使う」と習いましたよね？ しかし、特に私物がどこにあるかを聞くとき、Where is ...?（〜はどこ？）は周囲の人を疑っているようにも聞こえるため、ネイティブは避けます。こんなときにオススメなのは、**無生物主語を使って遠回しに尋ねるWhere did my wallet go?のような表現**。これなら「私の財布、どこへ行っちゃったのかしら？」と婉曲的な言い回しになるため、周囲も嫌な気持ちになりません。

【練習問題】

左ページの〈ネイティブならこう教える！〉にならって、次の英語を言い換えなさい。

❶ 私のパスポートはどこへ行ったの？
Where is my passport? →

❷ 私の赤ちゃんはどこへ行ったの？
Where is my baby? →

❸ あなたのファイルはどこへ行ったの？
Where are your files? →

❹ 私の食欲はどこへ行ったの？（食欲がない）
Where is my appetite? →

【解答解説】
❶ **Where did my passport go?**
passportの部分を他の名詞に変えれば、さまざまな探し物に応用できます。こう言えば周囲も気持ちよく探し物を手伝ってくれるでしょう。
❷ **Where did my baby go?**
my babyの部分を変えれば、人を捜しているときにも使えます。主語が（自分ではない）ほかの人なので、「勝手にその人がどこかへ行ってしまった」印象に。
❸ **Where did your files go?**
代名詞を変えれば自分以外の人の物に対しても使えます。「（知らないうちに）どこへ行っちゃったの？」というカジュアルなニュアンスになります。
❹ **Where did my appetite go?**
物や人だけでなく「食欲がない」のように、何か失ったものを嘆くフレーズにもなります。

44 疑問詞 How ①

間違えやすい中学英語 ✗

How high is Mt. Fuji?

富士山はどんな高さにありますか？

ネイティブならこう教える！ ○

How <u>tall</u> is Mt. Fuji?

富士山はどれだけの高さですか？

【ココがPOINT！】
「ぽっかり浮かんだイメージ」になるHow high …?

「高さ」という語から、よく間違える表現です。How high is Mt. Fuji?と聞くと、ネイティブは空中に富士山がぽっかりと浮かんでいる図を想像するでしょう。**high**は、The sky is high.（空は高い）のように「**（地面から離れて）高い所にある**」**というイメージ**だからです。一方、**tall**には「**背（身長）の高い**」という意味があるため、How tall is …?で「〜の高さ（身長）はどれくらいですか？」となります。

【練習問題】

次の日本語に合うよう、(　　)内から適する形容詞 (high / tall) を選びなさい。

❶ 自由の女神はどれくらいの高さですか？
　How (high / tall) is the Statue of Liberty?

❷ 東京スカイツリーはどれくらいの高さですか？
　How (high / tall) is the Tokyo Sky Tree?

❸ あの雲はどれくらいの高さにありますか？
　How (high / tall) are those clouds?

❹ その屋根はどれくらいの高さですか？
　How (high / tall) is the roof?

【解答解説】
❶ tall
How tall ...?なので、自由の女神の背の高さ（全長）を尋ねるフレーズになります。
❷ tall
外国人にこう聞かれたら、東京スカイツリーの高さ（全長）を答えてくださいね。634 meters.です。
❸ high
How high ...?を使うのはこのような状況です。空中に浮いている物に対して使い、その高さを尋ねます。
❹ high
雲と同様、屋根のように高い所にあるものの高さを聞く場合も、How high ...?を使いましょう。

45 疑問詞 How ②

間違えやすい中学英語

How long does it take to get from your house to the station?

あなたの家からここまで
どのくらいの時間ですか？

ネイティブならこう教える！

<u>How far</u> is it from your house to the station?

あなたの家からここまで
どのくらいの距離ですか？

【ココがPOINT！】
「長さ」は聞けても「距離」には使えない、How long …?

「距離」を聞くなら、〈How long〉それとも〈How far〉？ How long …?と答える日本人が多いのですが、正解は〈How far …?〉。**How far …?で「遠さ（距離）」**を尋ねます。**一方How long …?は**、How long does it take to get from here to the station?（ここから駅までどれくらいの時間がかかりますか？）やHow long is the Amazon?（アマゾン川の長さは？）など、**「時間」や「長さ」**に使います。意外と間違える人が多いので、注意してくださいね！

【練習問題】

次の日本語に合うよう、(　)内に適する語を入れて英文を作りなさい。

❶ 東京から大阪まで距離はどれくらいですか？
How (　) (　) (　) from Tokyo to Osaka?

❷ 東京から大阪までどれくらいの時間がかかりますか？
How (　) (　) (　) (　) to get from Tokyo to Osaka?

❸ どれくらい遠くまで行きたいですか？
How (　) (　) (　) (　) to go?

❹ 横浜まで距離はどれくらいですか？
How (　) (　) (　) to Yokohama?

【解答解説】
❶ **far is it**
「距離」を聞かれているので、How long ...?ではなく、How far is it from A to B?を使いましょう。

❷ **long does it take**
「移動にかかる時間」を聞かれているので、How long does it take to get from A to B?を使いましょう。

❸ **far do you want**
「距離」を聞いているのでfarを使い、あとは疑問形を続けましょう。How far ...?には「どのくらい遠くへ」というニュアンスがあります。

❹ **far is it**
How far is it to ...?で「〜までの距離はどれくらいですか？」となります。単純に距離を聞くなら、この表現が一番簡単です。

46 | 助動詞 can ①

中学英語ではこう習う

Can you speak English?

あなたは英語を話せるだけの能力はありますか？

ネイティブならこう教える！

<u>Do</u> you speak English?

あなたは英語を話しますか？

【ココがPOINT！】
実は相手の能力に言及していたCan you ...?

「～できますか？」という日本語につられてCan you ...?を使っている人を見かけますが、Can you speak English?は「あなたは英語を話せるだけの**能力**はありますか？」という、かなり失礼な言い方。通常こういう場合、**能力ではなく習慣として話すかを尋ねるので、現在形のDo you ...?（～しますか？）でOK**です。日本語と英語がイコールにならない、「英語の落とし穴」ともいえる表現です。ぜひ正しい使い方を覚えてください。

【練習問題】

次の文を英語にしなさい（下線部に1単語ずつ入ります）。

❶ ピアノは弾きますか？
　 _____　_____　_____　_____　_____？

❷ 彼はフランス語を話しますか？
　 _____　_____　_____　_____？

❸ このクレジットカードは使えますか？
　 _____　_____　_____　_____　_____　_____？

❹ 窓を開けてくれる？（親しい友人などに）
　 _____　_____　_____　_____　_____？

【解答解説】
❶ **Do you play the piano?**
このような質問をする場合、今まではCan you ...?と聞いていたかもしれませんが、これからはDo you ...?を使いましょう。

❷ **Does he speak French?**
主語が3人称単数なら、doをdoesに変えればOKです。習慣として話すかどうかを尋ねるフレーズになります。

❸ **Do you accept this credit card?**
「使える」という日本語につられてcanを使わないように！　海外旅行で買い物をする際によく使うフレーズです。

❹ **Can you open the window?**
親しい友人に、「〜してくれる？」というニュアンスでCan you ...?と使うなら失礼にはなりません。親しくない人にはCould you ...?を使いましょう。

47 助動詞 can ②

中学英語ではこう習う

Can I use this pen?

このペン、使ってもいい?

ネイティブならこう教える!

Could I use this pen?

このペン、使ってもいいですか?

【ココがPOINT!】
軽すぎてちょっと失礼な聞き方Can I …?

Can I …?は仲間内で使う分にはOKですが、「〜できる?」くらいのくだけた英語なので、親しくない人に使うのは避けたほうがいいでしょう。**きちんと許可を得るなら、Could I …?がオススメ。Could I …?なら「〜してもいいですか?」と丁寧に聞こえます。** Can you …?も同じで、Can you …?よりCould you …?のほうが丁寧になります。日本語と同じように、英語でも相手によって使い分けるようにしましょう。

【練習問題】

次の日本語に合うよう、（　）内に適する語を入れて英文を作りなさい。

❶ ちょっと席を外していいですか？
＿＿＿　＿＿＿　＿＿＿ excused?

❷ 領収書をもらえますか？
＿＿＿　＿＿＿　＿＿＿ a receipt?

❸ 今晩、パーティに来られる？（親しい友人に）
＿＿＿　＿＿＿　＿＿＿　＿＿＿　＿＿＿　＿＿＿　＿＿＿?

❹ 時間を教えてもらえますか？
＿＿＿　＿＿＿　＿＿＿ me the time?

【解答解説】
❶ Could I be
Could I be excused?は、会議などを中座するときの決まり文句です。公の場なので、Can I ...?ではなくCould I ...?を使います。

❷ Could I have
お店などで丁寧にお願いするときの聞き方です。これもCan I ...?よりも相手に良い印象を与えます。

❸ Can you come to the party tonight?
親しい仲間に声をかけるなら、Can you ...?でもOK。「〜できる？」と気楽な問いかけになります。

❹ Could you tell
人に時間を聞くときの決まり文句です。Could you ...?なので、見知らぬ人にも使えます。フレーズごと覚えてしまいましょう。

48 | 助動詞couldとbe able to

間違えやすい中学英語

I could climb Mt. Fuji at the age of ten.

私は10歳の時、富士山に登ることができたかもしれない。

ネイティブならこう教える！

I <u>was able to</u> climb Mt. Fuji at the age of ten.

私は10歳の時、富士山に登ることができた。

【ココがPOINT！】
couldではない、canの過去形

学校で「couldはcanの過去形」と習ったでしょうが、「〜できた」の意味でcouldを使うのは、ごく「まれ」。「〜することができた」と**過去に1度だけ可能だった経験**を表す場合、ネイティブは**couldではなくwas able toを用います**（否定文の場合はcouldn'tでもOKです）。I could（＝was able to）speak French when I was younger.（小さい頃はフランス語を話せた）のように、過去に「**（継続的に）〜する能力があった**」という意味の場合のみcould＝was able toとなります。

【練習問題】

次の日本語に合うよう、（　）内に適する語を入れて英文を作りなさい。

❶ 私は昨日、早く帰ることができた。
I (　) (　) (　) go home early yesterday.

❷ 彼女が出発する前に話はできた？
(　) (　) (　) (　) speak to her before she left?

❸ 私は5歳でバイオリンが弾けた（弾く才能があった）。
I (　) play the violin at the age of five.

❹ 彼女はその伝言を読んだが、理解できなかった。
She read the message, but she (　) understand it.

【解答解説】
❶ was able to
昨日だけ可能だった行為を指すので、was able toを使います。couldを使うと「〜できたかもしれない」と仮定法の意味になります。
❷ Were you able to
疑問形の場合、このように使います。NoならNo, I'm sorry, I wasn't able to reach her.などと答えましょう。
❸ could
「(継続的に)〜する能力があった」という意味のためcould＝was able toとなり、was able toを入れてもOKです。
❹ couldn't
否定形のため、couldn'tとwasn't able toの両方が使えます。She read the message, but she wasn't able to understand itでもOKです。

49 | 助動詞 may ①

中学英語ではこう習う

May I have some coffee?

コーヒーをいただいてもよろしいでしょうか?

ネイティブならこう教える!

Could I have some coffee?

コーヒーをもらえますか?

【ココがPOINT!】
へりくだり過ぎるMay I …?

「May I …?＝相手に許可をもらう丁寧な聞き方」と習ったかもしれません。しかし、へりくだりすぎる表現のため、今や**May I …?を使うのは**May I come in?（入ってもいいですか?）のような**決まり文句や、親子のように上下関係が明確な場合**くらいです。**人に何かをお願いするなら、代わりにCould I …?を使うといいでしょう。**Could I …?なら、誰に対しても使える気持ちのいい依頼に聞こえます。

【練習問題】

次の日本語に合うよう、（　）内の英語を並べ替えて文を作りなさい。

❶ お名前をお聞きしてもよろしいですか？
(calling / I / who's / ask / may)?

❷ ご用件を承りますが？
(you / I / help / may)?

❸ お代わりをもらえますか？
(seconds / have / I / could), please?

❹ お願いがあるのですがいいですか？
(I / you / a favor / to / could / do / ask) for me?

【解答解説】
❶ **May I ask who's calling?**
電話をかけてきた相手に名前を聞くときのフレーズです。決まり文句なので、これはMay I ...?を使ってもOKです。

❷ **May I help you?**
接客の際の決まり文句です。上下関係がはっきりしているので、へりくだってMay I ...?を使います。

❸ **Could I have seconds**
このような普通の文の場合、May I ...?よりCould I ...?のほうが自然です。secondsは「秒」のほかに「お代わり」という意味もあります。

❹ **Could I ask you to do a favor**
人にお願いするときの決まり文句。これもCould I ...?くらいの表現が一般的。最後のfor meは省略してもOKです。

50 | 助動詞 may ②

中学英語ではこう習う

May I smoke here?
Yes, you may.

ここでタバコをすってもよろしいですか？
いいでしょう（威張った感じ）。

ネイティブならこう教える！

May I smoke here?
<u>Sure.</u>

ここでタバコをすってもよろしいですか？
もちろん。

【ココがPOINT！】
ネイティブは使わない、ザ・学校英語Yes, you may.

「Doで聞かれたらdoで、Canで聞かれたらcanで答える」と学校で習いませんでしたか？ でもMay I ...?に対してYes, you may.と答えると、「いいでしょう」と威張って答えているように聞こえるのでNGです。こんな時は、Sure.やOf course.（もちろん）、No, problem.（いいですよ）など、誰が聞いても気持ちのいい返事をするといいでしょう。「英語の返事はYes／Noではっきりと」と教わったかもしれませんが、すべてがそうとは限りません！

【練習問題】

次の日本語に合うよう、（　）内に適する語を入れて英文を作りなさい。

❶「何のことかお聞きしてもいいですか？」「もちろん」
"May I ask what it's about?" "Of (　　　)."

❷「入ってもいいですか？」「もちろん、どうぞ」
"May I come in?" "(　　　), come on in."

❸「理由を聞いてもいいでしょうか？」
「ええ、何でも聞いて」
"May I ask why?" "Yes, (　　　)(　　　)(　　　)."

❹「ここに座ってもいいですか？」「はい、どうぞ」
"May I sit here?" "(　　　), please."

【解答解説】
❶ course
May I ask ...?は、部下が上司にお伺いを立てているようなフレーズです。Of course.で「もちろん」。

❷ Sure
May I come in?は入室の許可を得る決まり文句。面接でよくあるやり取りで、Sure.なら「もちろん」という意味に。

❸ ask me anything
部下と上司のやり取りのようなフレーズで、ask me anythingで「何でも聞いて」となります。

❹ Yes
Yesを使って「はい、どうぞ」と答えるなら、Yes you may.ではなく、このYes, please.がいいでしょう。

51 助動詞 must と need to

中学英語ではこう習う ▽

I must finish this report by 5:00.

このレポートを5時までに仕上げねばならぬ。

ネイティブならこう教える！ ▽

I <u>need to</u> finish this report by 5:00.

このレポートを5時までに仕上げなくちゃ。

【ココがPOINT！】
大げさに必要性をアピールしすぎる must

「『～しなくてはいけない』と義務を表すときは、mustを使う」と学校で教わったかもしれません。でもmustは「～せねばならぬのだ」に近い、かなり大げさな言葉なので、そうそうネイティブも使いません。「～しなくちゃ」くらいの表現なら、**mustではなくneed toを使うのが一般的**。I need to ...は、日常でもビジネスでもとてもよく使うフレーズなので、ぜひ使いこなしてください。

【練習問題】

次の文を英語にしなさい（下線部に1単語ずつ入ります）。

❶ 家に電話しなきゃ。
　___ ___ ___ ___ ___ .

❷ 眠らなくちゃ。
　___ ___ ___ ___ some ___ .

❸ (絶対に) もう行かないと。
　___ ___ ___ .

❹ 休憩しないと。
　___ ___ ___ ___ ___ ___ .

【解答解説】

❶ I need to call home.
「〜しなきゃ」と、何らかの行為をする必要性を表現するなら、I need to ...を使うといいでしょう。

❷ I need to get, sleep
このような場合、some sleepで「適度な睡眠」。相手に対してYou need to ...と言えば、「(あなたは) 〜しなきゃ」とアドバイスや提案にもなります。

❸ I must go.
パーティなどで中座するとき、「本当は行きたくないのに行かなければいけない」というニュアンスを出すため、あえてmustを使います。

❹ I need to take a break.
take a breakで「休憩する」です。I need to drink something.なら「何か飲まなくちゃ」となります。

52 | 助動詞 mustとhave to

中学英語ではこう習う

I must avoid high calorie food.

私はカロリーの高い食べ物を避けねばならぬ。
（自主的に）

ネイティブならこう教える！

I <u>have to</u> avoid high calorie food.

カロリーの高い食べ物を避けなければいけない。
（嫌々ながら）

【ココがPOINT！】
嫌なことをイヤイヤ強制されてやる have to

学校でmustをhave toに書き換える練習をたくさんしたからか、mustとhave toがイコールだと思っている人が多いようです。でもネイティブは、この２つをニュアンスで明確に使い分けています。**have toは「本当はやりたくないことを、他から強制されてやる」**のに対し、**mustは自主的に「〜せねばならないのだ」**というニュアンス。ですから外的な要因で何かをしなくてはいけない場合、have toを使えば「嫌々な感じ」が出せます。

【練習問題】

次の日本語に合うよう、(　　) 内の英語を並べ替えて文を作りなさい。

❶ その通りだと認めざるを得ない。
(admit / true / must / I / that's).

❷ 私は宿題をやらなければいけない。
(do / homework / to / I / my / have).

❸ 人はみな必ず死ななければならぬ。
(must / everyone / die).

❹ 私は夕食後、お皿を洗わなければいけない。
(the dishes / to / I / wash / dinner / after / have).

【解答解説】
❶ I must admit that's true.
I must admit ...は「〜と認めざるを得ない」という意味の決まり文句。mustを使うことで、「自ら認めざるを得ない」というニュアンスになります。
❷ I have to do my homework.
mustではなくhave toが似合うのは、このような文です。嫌なものをやらなくてはいけないときにhave toを使うと嫌々感が出せます。
❸ Everyone must die.
普遍的な定理を表したもので、mustの「〜しなければならない」という大げさな表現がぴったりです。
❹ I have to wash the dishes after dinner.
I have to ...を使うことで、「本当はやりたくないことを、ほかから強制されてやる」というニュアンスがうまく出せます。

53 助動詞 mayとmight

中学英語ではこう習う

It may rain.

雨が降るやもしれぬ。

ネイティブならこう教える！

It <u>might</u> rain.

ひょっとして雨が降るかも。

【ココがPOINT！】
今はもうほとんど使われないmay

mayは「〜するかもしれない」と習ったでしょうが、It may rain.はもうあまり使わない古い英語。**最近のネイティブはmayを避ける傾向にあり、代わりに使っているのはmightです**。It might rain.で「ひょっとして雨が降るかもしれない」と、可能性が低いことを表します。mightはmayの過去形ですが、mayの「過去」として使われるのは時制の一致くらいです。mightのほとんどが推量や仮定、依頼といったその他の用法だということを覚えておきましょう。

【練習問題】

次の文を日本語訳しなさい。

❶ It might start snowing.

❷ You might help me.

❸ You might be next.

❹ I might as well be dead.

【解答解説】
❶ ひょっとして雪が降り始めるかもしれない。
It might start -ingで「～し始めるかもしれない」。天気によく使うフレーズです。
❷ 手伝ってくれてもいいのに。
「ひょっとして手伝ってくれるかもしれない」、つまり「手伝ってくれてもいいのに」という決まり文句です。
❸ ひょっとして次はあなたかもしれない（人ごとではない）。
「次に不幸が訪れるのは、ひょっとしてあなたかもしれない」という意味の言い回しです。
❹ 私は死んだも同然だ。
might as wellで、「（ひょっとして）～かもしれない」と推測を表す際によく使う決まり文句です。

54 助動詞 might

> **He might have caught the bus.**
> を日本語訳すると？

中学英語ではこう習う △

彼はそのバスに乗れたかもしれない。

ネイティブならこう教える！ ○

彼はそのバスに乗れたかもしれないのに（乗らなかった）。

【ココがPOINT！】
過去を後悔する、〈might have＋過去分詞〉

＜might have＋過去分詞＞は「〜したかもしれない」と過去への推量を表すと、教科書などには出ています。しかし実際は、**過去への強い後悔を表す**フレーズになります。たとえばHe might have caught the bus.は「彼はそのバスに乗れたかもしれない」というより、「**そのバスに乗れたかもしれなかったのに（乗らなかった）**」と、残念さを前面に押し出した言い回しに。後悔の思いを伝えるなら、ぜひこのフレーズを使ってみましょう！

【練習問題】

左ページの〈ネイティブならこう教える！〉にならって、日本語訳しなさい。

❶ If I had left earlier, I might have got there on time.

❷ If I had studied more, I might have passed the test.

❸ She might have been a singer.

❹ I might have won the race.

【解答解説】
❶ もっと早く出発していたら時間通りに到着していただろうが、できなかった。
〈might have＋過去分詞〉の文は、if節（もし〜したら）とよく一緒に用い、実現できなかったこと（時間通りに到着すること）への後悔を表します。
❷ もっと勉強していたら試験に合格していただろうが、しなかった。
裏返せば、「不合格だった」という意味に。このように婉曲的な表現としても使われます。
❸ 彼女は歌手になれたかもしれないのに、ならなかった。
この構文で最もよく使われるのが、「〜になれたかもしれないのに（ならなかった）」というフレーズです。
❹ レースに勝てそうだったのに、勝てなかった。
主語がIなら自分自身の後悔を、他の主語で使えば人が過去にやったことに対する推測を表します。

55 | 仮定法

> **If I had enough money, I could buy a car.**
> を日本語訳すると？

中学英語ではこう習う △

もし十分なお金を持っていたら、私は車を買えた。

ネイティブならこう教える！ ○

もし十分なお金を持っていたら、私は車を買えるのに。
（十分なお金を持っていないので、買えない）

【ココがPOINT！】
真実は真逆な「仮定法」

「もし〜だったら……」と、仮定の話をするときは「仮定法」を使う、と学校で習ったかと思います。でも、ネイティブはその説明に少しもの足りなさを感じます。ネイティブの感覚としては、**「事実に反すること」**を言うために仮定法を使い、現状とは異なる**「仮定の話であること」**を表わすために、**動詞はあえて現在形ではなく「過去形」**を使うのです。仮定法を使うと「現実は真逆」だと伝わることと、だからこそ「動詞をわざと過去形にする」というポイントをしっかり押さえましょう。

【練習問題】

左ページの〈ネイティブならこう教える！〉にならって、日本語訳しなさい。

❶ If I knew her phone number, I would call her.

❷ If I won the game, I could buy you a diamond ring.

❸ If I were you, I would call him.

❹ If it were not for your help, my business would fail.

【解答解説】
❶ もし彼女の電話番号を知っていたら、彼女に電話をかけるのに。
（彼女の電話番号を知らないので、かけられない）
仮定法過去なので、現在の事実とは異なることを表わします。
❷ 試合に勝ったら、ダイヤモンドの指輪を買ってあげられるのに。
（勝てないから、買えない）
試合に勝てそうもないので、ダイヤの指輪を買ってあげられない、ということ。
❸ もし私があなただったら、彼に電話するのに。
（私はあなたではないので、電話しない）
主語がIでも、仮定法の場合はwasではなくwereになります。
❹ もしあなたの助けがなければ、私のビジネスは失敗していただろうに。
（あなたに助けてもらえるので、成功している）
If it were not for ...で「もし〜がなければ」。itの場合も動詞はwereです。

56 | 助動詞 should

She should come early.
を日本語訳すると？

中学英語ではこう習う △

彼女は少し早めに来るべきだ。

ネイティブならこう教える！ ○

彼女は少し早めに来るといいよ。

【ココがPOINT！】
実はそんなに強制していないshould

「shouldは強い義務を表すので『～するべきだ』と訳す」と習った人もいるでしょうが、実際はそこまで強いニュアンスではありません。本来shouldは「～するといい」くらいの柔らかな表現ですから、**You should ...と言えば「～したほうがいいよ」くらいのカジュアルなアドバイス**になります。Maybe you should ...（[たぶん]～したほうがいいんじゃない？）とすれば、さらに遠回しな表現になりオススメです。ぜひ正しい使い方を覚えましょう！

【練習問題】

次の日本語に合うよう、(　)内の英語を並べ替えて文を作りなさい。

❶ 寝てたほうがいいよ。
(be / bed / should / you / in).

❷ 彼に謝ったほうがいいよ。
(him / should / you / apologize / to).

❸ せめて昼食くらい食べればいいのに。
(lunch / at least / have / should / you).

❹ 上司に電話したほうがいいんじゃない。
(maybe / call / your / you / boss / should).

【解答解説】
❶ You should be in bed.
You should...は、「〜したほうがいいよ」と相手にやさしく声をかけるときにも使えるフレーズ。病気の人にはこんな言葉をかけるといいでしょう。
❷ You should apologize to him.
「謝るべきだ」という強制ではなく、「謝ったほうがいいよ」くらいの柔らかいニュアンスになります。
❸ You should at least have lunch.
You should at least ...で「せめて〜くらいすればいいのに」というフレーズ。相手にちょっとした小言を言うのに便利です。
❹ Maybe you should call your boss.
maybe you should ...で、「(多分) 〜したほうがいいんじゃない」と遠回しな提案に。本来は、このようにMaybeを最初につけたほうが無難です。

57 | 勧誘表現 Will you ...?

中学英語ではこう習う

Will you have lunch with me?

一緒にランチをとる？

ネイティブならこう教える！

<u>Would</u> you <u>like to</u> have lunch with me?

一緒にランチはいかがですか？

【ココがPOINT！】
「意思の有無」を強く聞くWill you ...?

Will you ...?は「～しますか？」というより、「～する**つもり**はありますか？」と**相手の意志を強く問うフレーズ**に。受け取り方によっては失礼に思われるため、ネイティブはよほど親しい人以外はWill you ...?を避け、かわりに丁寧な表現となるWould you ...?やCould you ...?を使います。**特に相手を何かに誘うときは、一言プラスしたWould you like to ...?がオススメ**。相手の意向を伺う柔らかな表現になりますから、ぜひ使ってみてください。

【練習問題】

次の文を英語にしなさい（下線部に1単語ずつ入ります）。

❶ 映画を見に行きませんか？
＿＿＿ ＿＿＿ ＿＿＿ ＿＿＿ ＿＿＿ to a movie?

❷ 私のパーティに来ませんか？
＿＿＿ ＿＿＿ ＿＿＿ ＿＿＿ ＿＿＿ to my party?

❸ 私と一緒に行きませんか？
＿＿ ＿＿ ＿＿ ＿＿ ＿＿ ＿＿ ＿＿?

❹ 金曜までに終わらせるのに十分な時間はある？
＿＿＿ ＿＿＿ ＿＿＿ enough time to finish by Friday?

【解答解説】

❶ **Would you like to go**
Would you like to ...?は相手を誘うフレーズなので、デートの誘いにも使えますよ！

❷ **Would you like to come**
パーティに誘う決まり文句です。Would you ...?よりWould you like to ...?のほうが丁寧です。

❸ **Would you like to come with me?**
どこかへ一緒に出掛けたり、デートに誘うときの定番フレーズ。丸ごと覚えて使いましょう。

❹ **Will you have**
Will you ...?は「〜する？」と相手の意志を問う言い方になるので、親しい間柄で使うなら自然です。

58 | 勧誘表現 Won't you …?

中学英語ではこう習う

Won't you come with us?

どうして一緒に来ないの？

ネイティブならこう教える！

<u>Why don't you</u> come with us?

一緒に行きましょうよ！

【ココがPOINT！】
もはや死語なWon't you …?

Won't you …?＝「〜しない？」と習ったかもしれませんが、**実はWon't you …?は今ではあまり使われない英語**です。代わりにネイティブが使っているのはWhy don't you …?で、これは「どうして〜しないの？」つまり「〜しましょうよ！」と好意的に相手を誘うフレーズ。遠回しに相手を気づかった言い回しのため、いかにも「こなれた英語」に聞こえます。ぜひ使ってみましょう！

【練習問題】

次の日本語に合うよう、(　)内に適する語を入れて英文を作りなさい。

❶ どうぞ入って。
(　　)(　　)(　　) come in?

❷ 医者にみてもらったらどう？
(　　)(　　)(　　)(　　) see a doctor?

❸ 一緒に昼食でもどうですか？
(　　)(　　)(　　) have lunch?

❹ 何か一緒にやりませんか？
(　　)(　　)(　　)(　　) something together?

【解答解説】

❶ Why don't you
Why don't you come in?で、「部屋に入って（どうぞ入って）」という決まり文句になります。

❷ Why don't you go
go seeはgo to seeを短くしたもので、go see a doctorで「医者に診てもらう」となります。

❸ Why don't we
「一緒に〜しない？」と誘うときは、「一緒に」なのでyouをweに代え、Why don't we …?となります。

❹ Why don't we do
これも「一緒に」なのでweを使います。do something togetherで「何かを一緒にやる」です。

59 | 勧誘表現 How about …?

中学英語ではこう習う

How about playing tennis with me?

（たまには私と）一緒にテニスをしない？

ネイティブならこう教える！

How about playing tennis?

一緒にテニスをしない？

【ココがPOINT!】
How about …with me?ではしつこい!?

「なぜwith meがいらないの？」と思うかもしれませんが、これは**「意味がダブる」重複表現**になるからです。How about …?には**「私と一緒に〜はどう？」**という意味も含まれているので、How about …?だけで使うのが一般的。わざわざ付けると、**「たまには私と一緒に**テニスをするのはどう？」と、「私と一緒に」を強調しているようにも聞こえます。「How about …?にwith meは付けなくてもいい」と覚えておきましょう！

【練習問題】

次の日本語に合うよう、（　）内の英語を並べ替えて文を作りなさい。

❶ 夕食を食べに行かない？
（dinner / out / about / for / going / how）？

❷ トランプをしない？
（cards / about / playing / how）？

❸ 一休みしませんか？
（about / a rest / how / taking）？

❹ コーヒーはどう？
（some / how / coffee / about）？

【解答解説】
❶ How about going out for dinner?
go out for dinnerで「夕食を食べに行く」。aboutの後は動詞の-ing形になることに注意しましょう。
❷ How about playing cards?
play cardsで「トランプをする」。トランプに誘うときの決まり文句です。遊びやスポーツに誘うときは、How about playing ...?が定番表現となります。
❸ How about taking a rest?
take a restで「一休みする」。休憩に誘うときの決まり文句です。相手の意向を聞くので、Let's take a rest.より丁寧に聞こえます。
❹ How about some coffee?
How aboutの後に名詞を続ければ、物をすすめるフレーズに。飲食をすすめる際の定番表現です。

60 | 勧誘表現 Let's ...

中学英語ではこう習う

Let's have lunch.
No, let's not.

お昼にしよう。
いいえ、そんなことはしませんよ。

ネイティブならこう教える！

Let's have lunch.
I'm afraid I can't.

お昼にしよう。
申し訳ないけど、無理そう。

【ココがPOINT！】
断るときに使っちゃいけないNo, let's not.

Let's＋動詞の原型（〜しましょう）の返事は、「YesならYes, let's.を、NoならNo, let's not.を使う」と習ったかもしれません。しかし、**No, let's not.は**「いいえ、そんなことはしませんよ」に近い、**ちょっと相手をバカにした返事**。断るときは、きちんと申し訳なさが伝わる表現にしましょう。**最初にI'm afraid ...や、I'm sorry ...を付ければ、「すみませんが……」「申し訳ありませんが……」**といった意味になるのでオススメです。

【練習問題】

次の日本語に合うよう、( )内の英語を並べ替えて文を作りなさい。

❶ 申し訳ありませんが、それはできません。
(I / that / do / afraid / can't / I'm).

❷ とてもやりたいのですが、残念ながら無理なんです。
I would really like to be able to say yes,
(can't / just / but / afraid / I / I'm).

❸ 非常に申し訳ありませんが、行かなくてはなりません。
(but / sorry, / terribly / I'm) I have to leave.

❹ 申し訳ありませんが、即答できません。
(answer / sorry, / I'm / I can't / but) right now.

【解答解説】

❶ I'm afraid I can't do that.
相手に何かを断るときの決まり文句。I'm afraid ...を最初に言うことで、申し訳なさが出ます。

❷ but I'm afraid I just can't
「〜ですが」なので、最初にbutと言い、その後はI'm afraid I just can'tで「残念ながら無理なんです」となります。

❸ I'm terribly sorry, but
「非常に申し訳ありません」はI'm sorryにterriblyをプラスするといいでしょう。「〜ですが」はbutを続ければOKです。

❹ I'm sorry, but I can't answer
I'm sorry, but ...と最初に言えば、「申し訳ありませんが……」と謝罪のフレーズに。butなので、後には否定的な内容が続きます。

61 代名詞

中学英語ではこう習う

Everyone has his own opinion.

誰でも彼の意見を持っている。

ネイティブならこう教える！

Everyone has <u>their</u> own opinion.

誰でもみんな自分の意見を持っている。

【ココがPOINT!】
単数のeveryoneが複数のtheyとイコール関係に!?

「なぜeveryoneを受けるのが、hisじゃなくてtheir？」と思うのも当然。**everyoneは本来単数扱いなので、動詞もhaveではなくhasです。**しかし、なぜhisではなくtheirなのかといえば、時代とともに「**heだけがeveryを受けるのは女性差別だ**」と言われるようになったから。そのため、現在ではeveryoneをtheyで受けるのが一般的になりました。時代とともに英語も変わっているんですね。

【練習問題】

次の日本語に合うよう、(　)内の英語を並べ替えて文を作りなさい。

❶ みんなそれぞれ趣味がある（人の趣味はいろいろ）。
(own / has / their / everyone / thing).

❷ みんな自分の教室にいるべきだ。
(in / own / be / classroom / everyone / should / their).

❸ 経験はだれもが自分の過ちに与える名前だ。
(everyone / the / to / experience / name / mistakes / is / gives / their).

❹ 誰でも調子の良くない日がある。
(their / off / everyone / days / has).

【解答解説】
❶ Everyone has their own thing.
主語はeveryoneで代名詞はtheirですが、動詞はhasです。「たで食う虫も好き好き」と同じような意味のことわざ。

❷ Everyone should be in their own classroom.
theirで受けますが、in their own classroomと単数で表すほうが、英語として自然です。

❸ Experience is the name everyone gives to their mistakes.
小説家オスカー・ワイルドの言葉。元々はtheir mistakesですが、最近の英語ではmistakeとする例もあります。

❹ Everyone has their off days.
off dayで「調子の良くない日」。自分の体調が万全でないときの言い訳や、調子が悪い人への慰めに使われる決まり文句。

62 関係代名詞①

中学英語ではこう習う

This is the car which I bought.

これは私が買った車です。

ネイティブならこう教える！

I bought this car.

私がこの車を買いました。

【ココがPOINT！】
くどくどして嫌われる、関係代名詞

受動態（p.32）でも書きましたが、ネイティブは長い表現を嫌い、シンプルに表現するのが大好き。ですからこのような文も、**できるだけ関係代名詞を使わずにすっきり表現**します。また、**学校では「人にはwho、物にはwhichかthat」と習ったでしょうが、今ではどんな先行詞にもthatでOK**。たとえ関係代名詞を使う場合も、最近は「何にでも使えるthat」を使うのが好まれています。英語も時代とともに変わっているようです。

【練習問題】

左ページの〈ネイティブならこう教える！〉にならって、次の英語を言い換えなさい。

❶ これが彼から私が受け取った手紙だ。
This is the letter which I received from him.
→

❷ 彼は息子がピアニストだ。
He is the man whose son is a pianist.
→

❸ 私には犬を5匹飼っている友人がいる。
I have a friend who has five dogs.
→

❹ この本はちょうど私がほしかったものだ。
This is the book which I wanted.
→

【解答解説】
❶ I got this letter from him.
「これが彼から私が受け取った手紙だ」つまり「私はこの手紙を彼から受け取った」と解釈し、Iを主語にして表します。
❷ His son is a pianist.
「彼は息子がピアニストだ」つまり「彼の息子はピアニストだ」と、Heを主語にして解釈します。
❸ A friend of mine has five dogs.
「私には犬を5匹飼っている友人がいる」つまり「私の友人は犬を5匹飼っている」と、A friend of mineを主語にして解釈します。
❹ This is the book I wanted.
たとえ関係代名詞を使う場合も、このようにできるだけ省略してシンプルに表現します。

63 関係代名詞②

中学英語ではこう習う ▽

She's a lawyer whom I know very well.

彼女は私がよく知っているところの弁護士です。

ネイティブならこう教える! ▽

She's a lawyer, and I know her really well.

彼女は弁護士で、私は彼女のことをとてもよく知っています。

【ココがPOINT!】
ネイティブはあまり使わない、関係代名詞のwhom

「関係代名詞の目的格whomは省略できる」と習ったでしょうが、英会話では「使わずに表現したほうが自然」です。例文のような場合も、**whomで無理に1文にせず、andを使って表現したほうが「わかりやすい英語」になります。**文法事項としてはwhomの使い方も覚えておいたほうがいいでしょうが、**日常会話では誰にでも「わかりやすい英語」を心がける**のが「ネイティブ流」です。

【練習問題】

左ページの〈ネイティブならこう教える！〉にならって、次の英語を言い換えなさい。

❶ 彼は私が先週対戦したプロのテニスプレイヤーだ。
He's a professional tennis player whom I played against last week.
→

❷ これは私が古本屋で買った本だ。
This is the book which I purchased from a used book store.
→

❸ 私は東京都知事の息子に会った。
I met a man whose dad is the governor of Tokyo.
→

❹ 私の友人の1人は毎日釣りに行く。
I have a good friend who goes fishing everyday.
→

【解答解説】

❶ He's a professional tennis player, and I played against him last week.
「彼はプロのテニスプレイヤーで、私は彼と先週対戦した」とwhomの前後で2文に分けるといいでしょう。

❷ I bought this book from a used book store.
SVOの基本文型で表現するとわかりやすい文になります。Iを主語にして言い換えましょう。

❸ I met the son of the governor of Tokyo.
whose以降をできるだけシンプルに言い換えるのがポイント。a man whose dad is the governor＝the son of the governorです。

❹ One of my good friends goes fishing everyday.
who以降をシンプルに言い換えたら、あとは基本文型に置き換えましょう。a good friendをone of my good friendとするのがポイント。

64 名詞

Thank you for your effort.
を日本語訳すると？

中学英語ではこう習う　△

努力してくれてありがとう。

ネイティブならこう教える！　○

失敗してしまったけれど、努力してくれてありがとう。

【ココがPOINT！】
日本語ではポジティブ、英語ではネガティブな意味の単語

effortといえば「努力」と習ったはず。日本人にとって「努力」はとてもポジティブな語ですが、**英語のeffortは、「報われない努力」「骨折り」のようにおもに否定的な意味で使われます**。そのため、Thank you for your effort.は「努力してくれてありがとう」と感謝するのではなく、「**(失敗してしまったけど) 努力してくれてありがとう**」と**相手の報われない努力をいたわるフレーズ**になります。状況により、言葉はさまざまな意味に変わるので注意しましょう。

【練習問題】

下線部の英語のニュアンスに注意して、次の英文を日本語訳しなさい。

❶ I <u>tried to</u> help him to find work.

❷ She's <u>rather</u> short.

❸ He <u>challenged</u> his teacher.

❹ I can't <u>handle</u> this noise.

【解答解説】
❶ 彼が仕事を探すのを手伝おうとしたがだめだった。
try to ...は「〜しようとした」ではなく、「〜しようとしたがダメだった」というネガティブなニュアンスになります。
❷ 彼女はちょっと背が低い。
このratherは「かなり」ではなく、「多少」「ちょっと」くらいの意味。後にネガティブなニュアンスの語が続く場合、この意味になることが多いです。
❸ 彼は先生に反対した。
challengeは「挑戦する」だけでなく、「異議申し立てする」という強い抗議の意味もあります。
❹ 私はこの騒音に我慢できない。
否定文でhandleが使われた場合、「操作できない」つまり「取り扱えない」つまり「対処できない」と考えるといいでしょう。

NOTE
ここは大切だと思った点や、特に覚えておきたいことなど、気が付いたものを書きとめておきましょう。

もしも
ネイティブが
中学英語を教えたら

発行日　2014 年 9 月 2 日　第 1 刷

著者	デイビッド・セイン
デザイン	細山田光宣 + 木寺梓（細山田デザイン事務所）
イラスト	和遥キナ
編集協力	古正佳緒里、Anna Thayne、Jaime Jose（A to Z）、泊久代
校正	中山祐子
編集担当	柿内尚文、舘瑞恵
営業担当	熊切絵理
営業	丸山敏生、増尾友裕、石井耕平、菊池えりか、伊藤玲奈、櫻井恵子、吉村寿美子、田邊曜子、矢橋寛子、大村かおり、高垣真美、高垣知子、柏原由美、大原桂子、寺内未来子、綱脇愛
プロモーション	山田美恵、浦野稚加
編集	小林英史、黒川精一、名越加奈枝、杉浦博道
編集総務	鵜飼美南子、高山紗耶子、森川華山、高間裕子
講演事業	齋藤和佳
マネジメント	坂下毅
発行人	高橋克佳

発行所　株式会社アスコム

〒 105-0002
東京都港区愛宕 1-1-11　虎ノ門八束ビル
編集部　TEL：03-5425-6627
営業部　TEL：03-5425-6626　FAX：03-5425-6770

印刷・製本　株式会社廣済堂

Ⓒ A to Z Co., LTD　株式会社アスコム
Printed in Japan ISBN 978-4-7762-0843-3

本書は著作権上の保護を受けています。本書の一部あるいは全部について、株式会社アスコムから文書による許諾を得ずに、いかなる方法によっても無断で複写することは禁じられています。

落丁本、乱丁本は、お手数ですが小社営業部までお送りください。
送料小社負担によりお取り替えいたします。定価はカバーに表示しています。